꿈이 나를 뛰게 한다

일러두기
*이 책에 실린 사진은 《조선일보》와 《스포츠 조선》의 DB와 해당 선수에게 직접 제공받은 이미지를 활용한 것입니다.
**이 책은 방일영문화재단의 지원을 받아 저술, 출판되었습니다.

스포츠 멘토
11인이 말하는
프로의 자격

꿈이 나를 뛰게 한다

민학수 지음

민음인

차례

서문 가슴에 오래 남는 희망과 격려의 메시지가 되길 바라며 —— 006

01 한국 축구의 영원한 캡틴 홍명보 —— 010
02 매력적인 골퍼, 버디 퀸 박지은 —— 036
03 원조 스포츠 아이돌 현정화 —— 058

또 하나의 선수 스포츠 멘털 트레이닝의 권위자 조수경 —— 081

04 한국의 체조 요정 손연재 —— 098
05 코트 위의 사령탑, 컴퓨터 가드 이상민 —— 116
06 스포츠 클라이밍의 프런티어 김자인 —— 138

또 하나의 선수 로 스쿨로 간 축구 선수 김가람 —— **155**

07 두뇌 피칭의 대가 양상문 —— **172**
08 썰매의 자유로움을 즐기다 강광배 —— **194**
09 한국 핸드볼의 살아 있는 전설 윤경신 —— **216**

또 하나의 서문 행복한 스포츠가 답이다 —— **240**

서문

가슴에 오래 남는 희망과
격려의 메시지가 되길 바라며

사람은 누구나 마음속에 오랫동안 희망을 주거나 격려가 되는 말을 간직하고 있기 마련이다. 나는 어린 시절 어머니가 들려준 시간(時間)에 대한 이야기가 우선 떠오른다.

"시간이라는 녀석은 머리털이 앞에만 있고, 뒤에는 없다는 거야. 그래서 그 시간을 잡겠다고 뒤쫓아 가기만 하면 머리털이 없으니 도저히 잡을 수가 없는 거지. 길목에서 기다리고 있다가 달려오는 시간의 머리털을 낚아채야 하는 법이다."

시간은 기회와 다름없다는 점을 생각하면 그 비유가 너무나 생생하고 손에 잡힐 듯해서 한번 듣고 나서는 잊히지 않았다.

학창 시절 담임 선생님은 "사람은 열 번 된다"고 하셨다. 늘 지금보다 더 좋은 인간이 될 수 있다는 긍정적인 시선이 좋았는데, 특히 나에게는 기회가 무려 열 번이나 있다는 이야기처럼 들려서 더 좋았다.

이 책은 우리에게 많은 감동을 주었던 대한민국의 스포츠 스타들이 자신의 경험을 솔직하게 들려주는 마당이자, 경기장이나 텔레비전 중계 화면에서는 보이지 않던 그들의 노력과 애환을 꾸밈없이 전하는 사랑방이다. 그리고 그들의 경험과 입을 빌려 우리 스포츠가 가야 할 길을 다시 한 번 생각해 보는 열린 토론장이기도 하다.

프로 선수를 꿈꾸거나 스포츠와 관련된 학문, 비즈니스 등의 미래를 희망하는 이들에게 오랫동안 가슴에 남을 만한 이야기가 되기를 바란다.

런던 올림픽이 끝나고 서울에서 만났던 홍명보 올림픽 축구 대표 팀 감독, 미국 로스앤젤레스에서 국제 스포츠 행정가의 꿈을 키우며 영어 공부에 골두하고 있는 현정화 한국 마사회 타구 팀 감독에게 물었다. 스포츠 선수를 꿈꾸는 청소년들에게 가장 전해 주고 싶은 말이 무엇이냐고. 두 사람은 미리 상의라도 한 것처럼 똑같은 대답을 내놓았다.

"무엇보다 인성人性이 중요하죠."

먼저 인간이 돼야 선수로서도 최고의 기량을 꽃피울 수 있고, 사회적으로도 남들에게 도움을 주는 사람이 될 수 있다는 이야기였다. 또 넓고 깊게 뿌리를 내리는 나무가 높이 성장하듯이, 잔재주보다 기본기를 철저히 제대로 익혀야 정말 중요한 순간에 실력을 발휘할 수 있다는 이야기도 두 사람은 똑같이 했다.

책을 준비하면서 서로 걸어온 길은 다르지만 공통점이 많은 이야기들을 들을 수 있었다.

프로 야구 선수로는 처음으로 석사 학위를 받았던 양상문 WBC 수석 코치전 롯데 감독, 한국 썰매 종목의 개척자로 2018년 평창 동계 올림픽 준비에 구슬땀을 흘리는 강광배 한국체육대학 교수, '버디 퀸'이라는 애칭답게 공격적인 플레이로 한국에 여자 골프 붐을 일으켰던 박지은, 세계 최고의 핸드볼 무대인 독일 분데스리가를 호령하면서 신의信義 있는 한국인의 이미지를 심어 주었던 윤경신, 농구 올스타 투표만 하면 1등을 도맡아 하던 이상민, 한국에 스포츠 클라이밍의 세계를 알리고 있는 김자인, 리듬 체조 요정으로 '국민 여동생'이라 불리는 손연재 등 최고의 스포츠 스타들이 자신의 경험을 진솔하게 들려줬다.

그리고 박태환, 양학선, 박인비 등 수많은 선수들이 자신의 잠재 능력을 최대한 발휘하도록 이끈 스포츠 멘털 트레이너 조수경 박사, 어릴 때부터 축구를 하면서도 서울대 체육교육과를 거쳐 성균관대 로 스쿨에 진학해 운동과 공부 두 마리 토끼를 잡은 김가람 님께도 감사 인사를 드린다.

이 책의 뒷부분에는 한국 스포츠의 다양한 현실을 진단하는 또 하나의 서문을 싣기로 했다. 우리 스포츠계에는 오랫동안 '(운동만 하는) 선수와 (운동은 거의 안 하고 공부만 하는) 학생'으로 양분되는 비정상적인 상황이 지속되고 있기 때문이다.

이런 문제의식을 함께하며 책을 쓰는 데 도움을 준 《조선일보》 스포츠부 선후배 동료들에게 고마움을 전한다. 더불어 언론인의 저술 활동을 꾸준히 지원하는 방일영문화재단과 졸고를 훌륭한 책으로 만들어 주신 민음인 여러분에게 감사를 드린다.

사랑하는 세 아이 준홍, 지홍, 승홍, 그리고 매일 새벽 달리기를 20년 넘게 하고 있는 아내 강미란에게 이제 책이 나왔다고 알려 줄 수 있게 됐다.

새로운 봄을 기다리며
민학수

한국 축구의 영원한 캡틴 홍명보

1969년 서울에서 태어나 서울 동북고와 고려대학교를 졸업했다. 1990년 2월 4일 노르웨이와 친선 경기에 국가 대표로 데뷔해 2002년 말까지 A매치 출장 횟수가 136경기에 달한다. 1990년 이탈리아 월드컵, 1994년 미국 월드컵, 1998년 프랑스 월드컵, 2002년 한일 월드컵 등 4회 연속 월드컵 본선에 진출해 활약했다. 2002년 한일 월드컵에서는 주장으로서 스페인과의 8강전 승부차기에서 마지막 키커로 나서 한국의 4강 신화를 결정짓는 슛을 성공시켰다.

수비수이면서도 경기 흐름이 좋지 않을 때는 날카로운 패스와 강력한 슈팅으로 골을 터뜨려 '영원한 리베로'라는 애칭이 있다.

2005년 월드컵 대표 팀 코치로 지도자 생활을 시작해 2009년 청소년 대표 팀을 맡아 그해 이집트에서 열린 U-20 월드컵에서 8강행을 이끌었다. 2010년 광저우 아시안 게임에서 동메달을 땄고, 2012년 런던 올림픽에서 한국 축구 사상 올림픽 첫 동메달을 따는 등 지도자로서도 성공 스토리를 쓰고 있다.

스타플레이어는 뛰어난 지도자가 되기 어렵다고들 한다. 여러 가지 이유가 있겠지만 무엇보다 현역 시절 자신의 눈높이로 선수들을 대하다 보니 거리감과 벽이 생기는 것이 가장 큰 원인이다.

그러나 한국 축구의 '영원한 캡틴'이라고 불릴 정도로 스타 선수였던 홍명보 감독은 오히려 벤치에 주로 앉아 있는 선수들까지 팀에 하나로 녹아들게 만드는 인화人和에서 탁월하다는 평가를 듣는다. 이것은 그가 고등학교에 갈 때까지 또래보다 체격이 작았던 경험과 무관하지 않다. 당시 광희중학교 축구 선수였던 홍명보 감독은 몸도 약하고 키도 작아 코치가 내일부터 나오지 말라고 할까 봐 늘 마음을 졸였다고 한다. 그때 느꼈던 서러움과 계속 축구를 할 수 있기를 간절히 바라던 마음에 대한 기억 때문에, 지도자가 된 지금 직접 경기를 뛰지 못하고 벤치를 지키는 선수들의 마음도 이해할 수 있는 것이다.

같은 맥락에서 홍명보 감독은 '베스트 11'이라는 말을 사용하지 않고 '선발 출전 선수', 즉 오늘 경기에 먼저 나가는 선수들이라고 부른다. 역대 올림픽 대표 팀은 프로와 대학 선수, 혹은 A대표와 그렇지 않은 선수 사이에 갈등이 있는 경우가 많았지만 '팀보다 중요한 선수는 없다'는 원칙이 지켜지는 홍명보호에서는 그런 잡음이 거의 없었다.

한국 축구의 든든한 버팀목

　2012년 런던 올림픽에서 한국 축구는 올림픽 사상 첫 동메달이라는 금자탑을 쌓았다. 근대 축구의 발상지인 영국에서 한국은 홈 팀인 축구 종가 영국을 8강에서 승부차기 끝에 이겼고, 동메달 결정전에서는 영원한 라이벌 일본을 2대 0으로 완파하며 국민에게 큰 기쁨을 선사했다.

　이 기적 같은 승전보의 중심에 1990년부터 13년간 축구 대표 팀의 든든한 수비수였고, 2005년부터는 월드컵 대표 팀 코치, 청소년 대표 팀 감독을 거쳐 올림픽 대표 팀을 이끌었던 홍명보 감독이 있다. 정몽준 대한축구협회 명예 회장은 "우리는 이번 런던 올림픽을 통해 한 사람이 얼마나 축구를 바꿔 놓을 수 있는지 보았다"고 홍명보 감독을 격찬하기도 했다.

　2002년 한일 월드컵 8강전 스페인과의 승부차기에서 마지막 키커로 나서 한국의 4강행을 결정짓는 득점을 성공하고 환하게 웃으며 달려가던 홍명보. 그는 꼭 10년 만에 한국 축구에 다시 한 번 잊을 수 없는 기쁨과 명장면을 선사했다.

늘 단정한 느낌을 주는 홍명보 감독은 40대 중반임에도, 유니폼으로 갈아입고 나면 곧바로 현역으로 뛸 수 있을 정도다. 사회생활을 하다 보면 술도 마시고 나잇살이라는 게 생길 법한데 자기 관리에 철저한 그에게서 풀어진 모습은 찾아볼 수 없다. 또 화려한 선수 생활을 했는데도 소위 왕년에 어땠다는 이야기를 절대 하지 않는다. 말을 요란하게 하거나 꾸밀 줄도 모른다. 들어 보면 그저 평범한 이야기들인데 중요한 것은 그가 자신이 하는 말과 거의 차이가 없는 생활을 한다는 점이다.

많은 기자들이 오랫동안 국가 대표로 활약하던 홍명보를 취재할 때면 곤란함을 느낀다고 한다. 뭐라고 말을 하거나 약간 과장을 하더라도 자극적인 요소가 있어야 흥미로운 기사를 쓸 텐데 과묵한 데다 모처럼 입을 열어도 모범답안 같은 이야기만 해서 나중에 취재 수첩을 보며 머리를 쥐어뜯은 사람이 적지 않다. 하지만 늘 언행일치가 확실하다는 점에서 비범하다고밖에는 할 말이 없게 되는 것이다.

그가 감독으로 성공한 제1의 덕목은 무엇보다도 인간으로서 믿을 수 있는 사람이라는 데 선수들이 공감했다는 점이다. 홍명보 감독은 런던 올림픽 예선전인 카타르와의 경기를 앞두고 "난 너희를 위해 마음속에 칼을 갖고 다닌다"고 말했다. 팀의 수장(首長)인 자신이 모든 결과에 책임을 질 테니 선수들은 경기에만 집중하라는 메시지였다. 나중에 '독도 세리머니'로 올림픽이 끝나고도 홍역을 치렀던 미드필더 박종우는 그때 그 얘기가 가슴에 남아 죽어라 뛰는 원동력이 됐다고 한다. 박종우가 올림픽 축구 동메달 환영 축하연에 나오지 못할 가능성이 높아지자 홍명보 감독은 런던 올림픽 대표 팀 감독으로서 마지막 지시라며 박종우를 만찬장에 나오도록 하기도 했다.

병역 논란에 휩싸였던 박주영을 와일드카드(올림픽 축구에 적용되는 규정으로 23세 이상 선수를 각 팀별로 세 명씩 뽑을 수 있다)로 선발하는 과정도 홍명보답다는 평가를 받았다. 홍 감독은 병역을 반드시 이행하겠다고 공식적으로 약속하는 박주영의 기자회견장에 동행했다. 그는 그 자리에서 "주영이가 군대를 안 가면 내가 대신 가겠다"고 해 화제를 모았다. 홍명보의 이와 같은 발언은 박주영의 행동에 비판적이던 사람들의 마음까지 누그러뜨리는 효과가 있었다. 하지만 이 문제를 인간적인 측면에서만 접근하면 홍 감독의 행동을 모두 이해한다고 말하기에 부족한 면이 있다. 홍명보는 왜 대표 팀에서도 여론 때문에 발탁을 꺼리고, 당시 소속 팀이던 잉글랜드 프리미어 리그 아스널에서 주전 자리를 확보하지 못해 경기력이 크게 떨어져 있던 박주영을 고집스럽게 런던에 데려갔을까?

박주영은 런던으로 가는 홍명보호의 마지막 퍼즐 같은 존재였기 때문이다. 축구는 아주 쉽게 말해서 득점을 허용하지 않으면 패하지는

▶ 2002년 6월 22일 광주 월드컵 경기장에서 열린 한국 대 스페인 8강전에서 홍명보 선수가 마지막 승부차기를 성공시키며 승리를 확정 짓자 환호하고 있다. 홍명보는 수비수지만 결정적 순간에 미드필더의 역할도 해내 '영원한 리베로'라 불렸다.

않지만, 득점하지 못하면 결국 이길 수 없는 스포츠다.

23세 이하의 선수가 주축이 되는 올림픽 대표 팀에서 비슷한 연령대의 선수 중 세계적인 수비력을 지닌 팀을 상대로 득점을 올릴 수 있을 만한 선수는 드물었다. 홍 감독은 이미 자신이 감독을 지냈던 2010년 광저우 아시안 게임에서 박주영이 후배들과 잘 단합하면서도 결정적인 득점을 뽑아내는 능력을 지니고 있다는 사실을 확인한 상태였다. 감독으로서 박주영을 데리고 가지 않아 후회할 일을 만들지 않겠다는 생각이었다. 여론이 좋지 않았던 건 사실이지만 그런 분위기에 떠밀려 기용하지 않으면 올림픽이 끝난 후 분명 '그때 뽑았어야 했는데……' 하고 후회할 것 같았다는 이야기다. 결국 대표 팀은 '결과'로 말하는 것이란 생각에 박주영의 런던 행을 강행했다.

올림픽 메달을 위한 항해, 그리고 변화의 시작

감독에는 여러 스타일이 있다. 장수들을 평할 때 흔히 사용하는 용장勇將, 지장智將, 덕장德將에 빗대어 말하기도 한다. 호랑이 같은 카리스마로 팀을 이끄는 용장, 마치 『삼국지』의 제갈공명처럼 지략이 풍부한 지장, 선수에 대한 따뜻한 마음과 신뢰로 팀을 이끌어 가는 덕장이다. 하지만 이 세 장수를 능가하는 게 승운勝運이

따르는 운장運將이라고 하는 이들도 많다. 축구단 단장 경력이 오랜 한 축구인은 시쳇말로 "선수들의 엉덩이를 살살 긁어 주면서 골을 빼먹는 능력이 있어야 우승할 수 있다"고까지 말할 정도이다. 하지만 이런 자질 중 어느 하나라도 부족해서는 훌륭한 감독으로 장수하기 힘들다. 그리고 '감독 홍명보'를 어떤 틀에 맞추어 분석하는 것은 아직 이른 감이 있다.

런던 올림픽 축구팀은 파주 트레이닝센터와 런던의 선수촌에서 '가장 인사를 잘하는 선수들'이란 칭찬을 들었다. 선수들은 식당에서 식사를 하고 나면 꼭 주방에서 일하는 분들에게 감사하다고 인사했다. 홍명보 감독은 선수들의 기량 못지않게 인간적인 품성과 소양에 많은 신경을 썼다.

홍 감독은 2009년 19세 이하 청소년 대표 팀 감독으로 처음 감독직을 맡았다. 당시 선수들은 구자철, 김보경 등으로 '홍명보의 아이들'이란 애칭으로 불리며, 런던 올림픽 동메달의 주역들로 성장했다.

이들은 열두 살 무렵 국가 대표 홍명보가 2002년 월드컵에서 국민적인 영웅으로 활약하는 모습을 지켜보며 성장한 선수들이다. 자신들의 우상이자 롤 모델이나 다름없는 홍명보 감독을 바라보는 눈이 남다를 수밖에 없었을 것이다.

홍 감독은 그런 점을 염두에 두고 뒤에서 밀어준다는 생각으로 지도하기로 결심했다. 축구의 기능적인 면을 발전시키는 것은 당연하고, 스스로 생각하고 판단해서 행동하는 능력까지 길러 줘야 한다고 생각했다. 그래서 맞든 틀리든 자신의 생각을 드러내고, 감독이 이야기하는 부분 중 모르는 게 있으면 잘 모른다고 솔직히 말하도록 했다. 사실 한국의 독특한 상하 계급 문화, 특히 위계질서가 엄격한 축구팀에서 '예'라는 대답 외에 다른 의견을 내놓는 것은 쉽지 않은 일이다. "잘 모르겠습니다"라고 하면 "그럼 잘 모르는 건 빼고 아는 걸 이야기해 보라"는 농담 같지 않은 질책을 경험한 사람들이 많을 것이다.

런던 올림픽 대표 팀이 예선을 통과하며 본선으로 가는 여정을 담은 한 방송사의 다큐멘터리를 보면 선수들의 행동이 처음과 비교해 갈수록 달라지는 것을 볼 수 있다. 바로 선수들이 자기 생각을 코칭스태프에게 이야기하기 시작하는 것이다.

한국 축구가 월드컵이나 올림픽 같은 큰 무대에서 좋은 성적을 내지 못할 때마다 '생각을 하지 못하는 로봇 축구'라는 비판을 많이 듣는다. 그저 공을 잡으면 뻥 차기만 한다고 '뻥 축구'라는 비아냥거림도 나온다. 해외에서 영입한 지도자들이 가장 강조하는 부분도 언제나 '생각하는 축구'다. 사실은 복잡한 이야기가 아니다. 상황에 따라 현명한 판단으로 우리 팀에게 유리한 상황을 만들어 나가는 게 생각하는 축구다. 하지만 어려서부터 감독이 시키는 대로 공을 차지 않으면 꾸중을 듣거나 체벌을 당하는 경우가 많은 우리 풍토에서는 혼나지 않기 위해 기계적으로 움직이는 경우가 많다. 그런 점에서 홍명보 감독이 시도하는 새로운 팀 문화는 생각하는 축구로 가는 아주 중요한 과정이 될 것

이다. 자기 의견을 이야기해도 꾸중을 듣지 않아야 생각을 하면서 뛸 수 있게 된다.

선수단 분위기가 좋다고 해서 반드시 성적이 잘 나오는 것은 아니다. 주전과 후보 간에 선의의 경쟁이 치열할수록 팀은 더 강해진다. 홍명보 감독은 이름값 있고 국제 경험이 많은 선수라도 준비가 돼 있지 않다고 판단하면 경기에 내보내지 않았다. 선발 출전 선수를 결정할 때는 얼마나 팀을 위해 헌신할 수 있는 자세를 지니고 있는지가 가장 큰 기준이 됐다. 그는 선수들의 몸 상태를 가장 잘 알고 있는 이케다 세이고 피지컬 코치에게 어떤 선수가 준비되어 있는지를 묻고 경기에 뛸 선수를 선발했다.

2011년에 치러진 올림픽 예선전에서는 교체 선수가 2분간 몸을 푸는 대신 경기를 지켜보았다는 이유로 나중에 심한 꾸중을 들었다. 홍 감독은 그 장면이 담긴 화면을 틀어 놓고 최선을 다하는 자세를 갖추지 못한 선수는 국가 대표로 뛸 자격이 없다고 야단을 쳤다.

홍명보 감독은 권위주의에 기댄 팀 운영 방식에는 한계가 있다고 생각해서 두 가지 원칙을 세웠다. 경기장과 훈련장에서는 철저하게 원칙을 지키고, 그 밖의 사적인 공간에서는 대표 팀 선후배로서 자부심을 가지고 격의 없이 만나자는 것이었다.

올림픽 대표 팀 선수들은 혹독한 과정 없이 원하는 결과를 얻을 수 없다는 사실에 모두 공감했다. 그래서 훈련장에서는 물을 마실 때도 뛰어서 다녀오는 것을 원칙으로 삼았다. 선발 출전하지 않는 선수 가운데 교체 투입될 예정인 선수는 그라운드에 들어서는 즉시 100퍼센트의 전력으로 뛸 수 있도록 준비하는 게 몸에 배었다. 하지만 올림픽이 끝나고 홍명보 감독과 코칭스태프, 선수들이 스스럼없이 '야자 타임'을 할 수 있을 정도로 마음의 거리 같은 것은 생기지 않았다.

이처럼 작지만 중요한 원칙이 자리잡는 데는 대표 팀 선발 과정에서 주전 선수 발탁까지 실력 외에 다른 요인이 개입하지 않는다는 선수단의 믿음이 있었다.

2002년 한일 월드컵이 끝나고 "거스 히딩크 감독을 대통령으로"라는 구호가 나오고 히딩크 감독의 리더십을 다룬 책이 여기저기서 나오던 시절이 있었다. 그런 분위기 속에는 한국 스포츠의 고질적인 병폐로 여겨지던 혈연, 학연, 지연을 모두 배제하고 세밀한 비디오 분석 등 과학적인 훈련 프로그램을 운영하던 히딩크의 팀 운영 방식이 다른 분야에 비해서 더 낙후한 한국 정치에 적용됐으면 하는 국민의 바람이 녹아 있었다.

런던 올림픽 축구 대표 팀에서 보여 준 감독의 리더십과 선수들의 소통, 배려, 체계적인 팀 운영은 이제는 외국의 뛰어난 감독을 모셔 오지 않더라도 우리 힘만으로 큰 성취를 이룰 수 있다는 증명이기도 했다.

홍명보 감독의 리더십에는 한국과 일본, 미국에서 선수로 뛴 경험, 특히 네 차례 월드컵에 출전하며 히딩크 감독을 비롯해 여러 감독에게서 습득한 선진 축구의 노하우, 그리고 대표 팀 코치로 딕 아드보카트

감독과 핌 베어벡 감독을 보좌했던 경험이 모두 녹아 있다. 한국 특유의 끈끈한 정과 서구식 합리주의의 조화다. 홍 감독은 철저한 규칙에 따라 합리적으로 팀을 운영하면서 선수 개개인에게 자신의 경험을 아낌없이 전수하려는 큰형 혹은 다정한 선배처럼 접근했다.

런던 올림픽 최고의 장면으로 통하는 영원한 라이벌 일본과의 경기는 '지도자 홍명보'의 가능성을 보여 준다.

홍명보 감독은 일본전을 앞두고 이순신 장군의 '필사즉생 필생즉사 必死則生 必生則死, 전쟁에 반드시 죽겠다는 각오로 나가면 살 것이요, 어떻게든 살겠다고 나가면 죽을 것이다'를 팀의 키워드로 삼았다. 이번 올림픽 대표 팀은 경기마다 키워드를 하나씩 만들어서 경기 전에 선수들에게 설명하는 시간을 가졌다. 어떻게 경기를 해야겠다는 선명한 이미지를 갖고 경기장에 나서면 집중력이 더 좋아지기 때문이다.

현역 시절 일본을 상대로 진 경험이 거의 없는 홍명보 감독은 일본과의 경기에서는 현실적인 전술을 구사했다. 다른 경기에서는 '지더라도 우리 팀의 플레이를 하자'는 원칙을 고수했지만 현역 시절부터의 경험을 바탕으로 이길 확률이 높은 전술을 선택한 것이다.

그는 국가 대표로 뛸 당시 한일전에서 전반 10분쯤 지나면 그날의 경기 양상을 짐작할 수 있었다고 한다. 주로 최종 수비수로 뛰었기 때문에 그는 팀의 최후방에서 전체를 지켜보는 입장이었다. 선수들이 몸을 던지는 치열한 승부 근성을 발휘하는 경기는 절대 지지 않았다고 한다. 일본 선수들은 개인기는 뛰어났지만 일대일 상황에서 강하게 압박하면 움츠러드는 경향을 보인다. 그래서 구사한 작전이 '적극적인 압박형 수비'에 이어 뒤쪽을 노리는 긴 패스를 통한 역습이었다. 일대일 상황에서 취약한 점을 역이용하는 것이었다. 애매한 높이의 공중 볼을 다툴 때 일본 선수들은 가급적 몸을 사리며 발을 사용했지만 한국 선수들은 예외 없이 헤딩을 시도했다. 부상을 무릅쓰는 파이팅이었다. 박주영과 구자철이 넣은 두 골 모두 이런 작전을 통해 넣은 골이다.

한국 축구의 스타일을 세밀한 패스와 끝없이 변화하는 포지션을 바탕에 둔 토털 사커 형태로 바꾸되, 승부를 거는 시기가 되면 현실적인 전략을 선택했다. '축구는 결과로 말하는 것'이라는 그의 말처럼 대표 팀은 결과로 증명했다.

감독으로 시작하는
두 번째 축구 인생

선수 시절 못지않은 성공 스토리를 쓰고 있는 감독 홍명보는 어떻게 만들어진 것일까.

2002년 월드컵이 끝난 이듬해 미국 LA 갤럭시에서 선수 생활을 하면서 영어를 배우고 스포츠 마케팅 등에 관심을 보이던 홍명보가 지도자의 길로 들어선 것은 우연이었다. 2005년부터 2006년 독일 월드컵 대표 팀 사령탑을 맡게 된 네덜란드 출신의 딕 아드보카트 감독과 핌

베어벡 코치가 한국 선수들과의 원활한 의사소통을 위해서는 한국인 코치가 필요하다며 홍명보의 이름까지 적어서 대한축구협회에 요청한 것이다. 독일 월드컵 이후 한국 대표 팀 감독을 맡기도 했던 핌 베어벡 감독은 선수 시절 주장 홍명보의 리더십을 눈여겨봤고, LA 갤럭시에서 선수 생활을 하면서 영어 소통 능력에 문제가 없다는 판단을 해서 적극 추천했다고 한다.

홍명보는 2006년 독일 월드컵, 2008년 베이징 올림픽 코치로 지도자 수업을 했다. 홍명보는 히딩크 감독이 냉정하고 치밀한 계산으로 팀을 효율적으로 이끌어 가는 능력이 있다면 아드보카트 감독은 세밀한 훈련과 상대에 맞는 전술을 선택하는 능력이 뛰어나다고 평했다.

그리고 이런 경험을 바탕으로 합리적이고 감정에 치우치지 않는 서양식 리더십에 정을 바탕으로 한 한국의 전통적인 리더십을 접목하는 게 좋겠다는 결론을 내렸다.

런던 올림픽이 끝난 뒤 한 선수는 "이렇게 훌륭한 팀에서 이렇게 좋은 결과를 내서 기쁩니다. 감독님 축하드립니다"라는 문자 메시지를 보냈다. 홍 감독은 이 문자 메시지를 받고 런던 올림픽 시상대에 섰을 때만큼이나 기뻤다고 했다.

그라운드에서는 철저하게 팀을 앞세우고 팀 규칙을 중시하지만, 그라운드 바깥에서는 대표 팀과 인생 선후배로서 도움을 주고받는 사이로 지내자는 진심이 통한 것이다.

2012년 런던 올림픽 동메달은 홍명보 감독이 2009년 2월 U-20[20세 이]

^하 대표 팀 감독을 맡을 때부터 추진해 온 '런던 프로젝트'의 완성판이다. 2009년 이집트 U-20 월드컵에서는 구자철과 김보경 등 '홍명보의 아이들'을 발굴했고 8강까지 오르는 성적을 올렸다.

2010년 광저우 아시안 게임에서는 23세 이하 선수들로 팀을 꾸릴 수 있었지만 런던 올림픽에 출전하게 될 연령대인 21세 이하로 팀을 꾸렸다. 아시안 게임에서 동메달에 그치며 위기를 맞기도 했지만 홍명보 감독은 자신의 경험과 지식 부족을 절감하고, 최상위 지도자 과정인 AFC^{아시아축구연맹} P급 라이선스 취득에 전념했다.

지도자로서 홍명보의 철학은 단순 명료하다. 축구도 다른 분야와 마찬가지로 준비를 얼마나 잘하느냐에 따라 결과가 달라진다는 것이다. 그래서 늘 최악의 상황을 가정하고 대비책을 하나둘씩 세워 놓는 게 습관이 됐다. 런던 올림픽에서도 주전 골키퍼 정성룡과 주전 수비수 김창수가 다치는 위기를 맞았지만 플랜 B 외에도 플랜 C, 플랜 D까지 만들어 놓은 덕분에 이를 극복할 수 있었다.

홍명보 감독은 감독이 선수보다도 더 외롭고 힘든 자리라는 생각을 갖고 있다. 하지만 팀을 하나로 묶어 좋은 결과를 내고 그 모습을 국민이 좋아할 때 느끼는 성취감도 말할 수 없이 큰 자리라고 한다. 그에게 감독이란 역할은 다른 무엇보다도 선수들이 성장할 수 있도록 옆에서 지켜봐 주고 도와주는 자리다. 그래서 축구 지도자를 꿈꾸는 청소년들이 있다면 어린 시절부터 친구를 배려하고 이해하려고 노력함과 동시에 주변에 어려운 친구들을 돕는 데 솔선수범하려는 자세를 갖추는 것

부터 출발해야 한다고 말한다.

키가 작아도, 체격이 왜소해도
나는 그라운드를 달린다

홍명보 감독은 서울 광장초등학교 5학년 때 축구를 처음 시작했다. 축구를 좋아하는 아버지를 따라 서울 운동장에서 열리는 경기를 보러 다니면서 축구를 좋아하게 됐다. 하지만 부모님은 1남 2녀 중 맏아들인 홍명보가 축구보다는 공부를 하기를 원했다. 그는 초등학교 시절 교실 맨 앞줄에 앉을 정도로 키가 작았고 몸도 다부진 편이 아니었다. 또 운동보다는 오히려 공부를 잘했다.

하지만 공을 차고 다른 선수들과 어울려 지내는 것을 좋아하던 홍명보는 중학교에서도 축구를 고집했다. 문제는 왜소한 체격이었다. 자신보다 큰 선수들과 부딪히면 튕겨 나가기 때문에 그는 살아남기 위해 영리한 플레이를 할 수밖에 없었다. 그리고 이를 위해서 기본기를 다져야만 했다. 자신에게 오는 볼을 가장 빠른 시간에 컨트롤해서 패스로 연결할 수 있어야 불필요한 몸싸움을 피할 수 있다. 일단 몸싸움이 벌어지면 승산이 없었다. 홍명보는 체격은 작아도 공을 다루는 데 뛰어나다는 평가를 들으며 축구 명문 동북고등학교로 진학했다. 그리고 그에게 엄청난 행운이 찾아왔다. 고교 진학 후 갑자기 키가 10센티미터 이상 자란 것이다. 기본기를 갖춰 놓은 상태에서 체력으로도 다른 선수들에게 밀리지 않게 되자 전국에서도 손꼽히는 선수가 됐다.

현재 세계에서 축구를 가장 잘한다고 평가받는 메시나 호날두를 봐도 다른 선수들과 가장 차별화되는 점은 볼 트래핑, 패스, 드리블 등 기본기가 완벽하다는 것이다.

공격과 수비를 연결하는 미드필더로서 동북고와 고려대학교에서 이름을 날리던 홍명보는 대학교 3학년 때 수비수로 포지션을 바꾸게 된다. 주전 수비수가 졸업하면서 생긴 공백을 메우는 임무를 맡은 것이다. 처음 감독으로부터 포지션을 바꿔 보는 게 어떻겠냐는 말을 들었을 때는 싫었지만 결과적으로 축구의 폭이 넓어지고, 더 빨리 국가 대표가 되는 긍정적인 결과를 가져왔다. 홍명보는 포지션을 바꾸고 뛴 지 1년 만에 이탈리아 월드컵이 열린 1990년 처음으로 대표 팀에 발탁됐다.

'영원한 리베로'란 현역 시절 홍명보의 애칭도 수비와 미드필더의 역할을 모두 해낼 수 있기 때문에 생겼다. 리베로는 주로 최종 수비수 자리에 포진하면서도 자유롭게 포지션을 이동하며 팀의 경기 흐름을 유리하게 바꿔 놓는 역할을 맡는 선수를 뜻한다. 독일의 '축구 황제'라고 불리는 프란츠 베켄바워가 리베로의 대표적인 선수다.

홍명보는 대학교 4학년 때 국가 대표로 발탁돼 1990년 2월 4일 노르웨이와 친선 경기에서 데뷔전을 치른 후 2002년 말까지 13년간 A매치_{국가 대표 간 공식 경기}에 136차례나 출전했다. 1990년 이탈리아 월드컵부터

1994년 미국 월드컵, 1998년 프랑스 월드컵, 2002년 한일 월드컵까지 네 차례 월드컵에서 주전 수비수로 활약했다.

우리 축구 선수들 중 홍명보처럼 큰 부상 없이 오랫동안 선수 생활을 한 경우도 드물다. 어린 시절 잘 닦은 기본기 덕분이라는 게 홍명보 감독의 생각이다. 경기마다 일희일비하지 않고, 어릴 때 가졌던 축구 선수로 성공하겠다는 초심을 유지한 채 자신의 모든 것을 축구에 쏟아부은 덕분이기도 했다.

독서 운동과 기부 천사, 홍명보의 또 다른 얼굴

최근 홍명보 감독의 활동 반경은 축구에 국한되지 않는다. 홍 감독은 2002년부터 지금까지 자기 이름을 딴 '홍명보 장학 재단'을 통해 15억 원 이상을 사회복지공동모금회 등에 기부해 왔다. 이와 별도로 생활 형편이 어려운 청소년 축구 선수 180여 명에게 해마다 100만 원씩 장학금을 주고, 2008년부터 중학생 유망주를 매년 세 명씩 선발해 스페인으로 축구 유학을 보내고 있다. 사재도 털고 후원금도 끌어모은다.

온 국민이 하나가 된 2002년 한일 월드컵이 나눔에 눈뜬 계기였다. 2002년 국가 대표 팀을 향한 어마어마한 응원을 보며 '앞으로 나 한 사람만을 위해 살아선 안 되겠다. 축구에서 받은 엄청난 사랑을 기부를 통해 이웃들과 함께 나누어야 한다'고 결심했다.

2003년부터 미국 축구 구단인 LA 갤럭시에서 뛴 것도 자선 활동을 구체화하는 데 도움이 됐다. LA 갤럭시 선수들은 비행기만 여섯 시간을 타야 하는 뉴욕 원정 경기를 마치고 돌아온 후에 지역 사회 봉사 활동을 했다. 피곤한데도 웃는 낯으로 봉사하러 가는 선수들의 모습은 정말 인상적이었다.

홍명보 감독의 아버지는 서울 광진구 구의동에서 방앗간을 했다. 아들 친구들을 챙기는 데는 돈을 안 아끼면서 아들이 사 달라고 노래하는 자전거는 끝까지 안 사 줬다고 한다. 큰 부자가 아니었음에도 초등학교 땐 축구부원 머릿수만큼 크림빵을 사 오고, 중학교 땐 매달 한 번씩 축구부 전원을 단층 양옥집 마루에 불러 배부르게 불고기를 먹였다. 이런 가정 환경 역시 홍명보의 활동에 영향을 끼쳤다고 볼 수 있다.

홍명보 감독은 2011년부터 '홍명보 장학 재단 컵 전국 유소년 축구 대회' 결승전이 열리고 나면 특별한 선물 수여식을 한다. 대회 참가자 1000여 명에게 빠짐없이 책을 한 권씩 나눠 주는 것이다. 국민독서문화진흥회와 함께 책 읽는 운동선수를 키우자는 '와이즈WISE 캠페인'의 일환이다. 승부 조작 사건이 이 캠페인에 적극적으로 나서게 된 이유다.

결국 인성人性과 교양이 중요하다는 사실을 다시 깨달은 것이다. 이전

보다는 나아졌지만 요즘도 유소년 선수들은 책과 담쌓기 쉽다. 무엇이 옳고 그른지 모른 채 어른이 된다.

운동선수는 운동을 잘하는 게 제일 중요하지만, 아무리 잘해도 30대 중반이면 은퇴하게 된다. 그 후의 인생을 잘 살기 위해서는 상식·교양·외국어가 필요하고, 이를 키우는 데는 책이 제일 좋다는 것이 홍명보 감독의 생각이다. 자신의 두 아들에게도 "책 읽으라"는 잔소리 대신 직접 몸으로 보여 주려고 노력한다.

책에서 인생을 배우다

홍명보는 중학교까지는 정규 수업을 모두 듣고 축구부 활동을 했다. 합숙이 없었기 때문에 집에서 통학하며 오전에는 교실에서 수업을 받고 수업이 끝나면 축구를 했다. 성적도 상위권이었다. 그러다 고등학교에 다니면서부터는 본격적으로 축구에 전념하는 보통의 운동선수와 같은 생활이 시작됐다. 수업도 많이 못 듣게 됐다. 합숙도 있고 지방에서 열리는 경기도 있었다. 그래도 책은 놓지 않았다. 원정 때마다 가방 속에 6~7권씩 두툼한 책을 챙겨 넣었다. 경기를 앞두고 훈련·식사·마사지할 때 짬짬이 책장을 넘기고, 경기가 끝나고 돌아오는 차 안에서도 책을 펼쳤다. 그 덕분인지 이겨도, 져도 마음이 크게 흔들리지 않고 긴 시간을 두고 노력하는 습관이 들었다.

홍명보 감독은 "내가 해야 할 일이니 포기하는 건 있을 수 없고, 그렇다면 묵묵히 나아가야 한다고 생각했다. 원래 성격도 그런 편이고 책에도 한결같이 그렇게 쓰여 있었다"라고 말한다.

그는 적어도 중학교 때까지는 운동부 학생들이 일반 학생들과 똑같은 수업을 받고 공부를 해야 한다고 생각한다. 가장 기본적인 지식을 습득하는 이 시간을 놓치면 이후에 살면서 아까운 기회들을 그냥 흘려버릴 수도 있다는 생각에서다. 그리고 고등학교 운동부 학생들도 기본 수업 시간만큼은 철저히 지켜야 한다고 생각한다.

프로 축구 선수를 꿈꾸는 학생들이 축구에 더 많은 시간을 할애하는 것이 자연스러운 일이기는 하지만, 기본적인 소양을 갖추지 못하면 인생 전체를 놓고 볼 때 후회하는 순간이 반드시 찾아온다.

학교 성적만을 이야기하는 것이 아니다. 사람과 사람 사이의 도리, 기본적인 소양과 교양 등을 고루 갖춰야 축구 선수로서도, 사회 구성원의 한 사람으로서도 더 나은 행동과 처신을 할 수 있다고 생각하기 때문이다.

그는 그간 읽은 책 가운데 『전설의 리더 보』가 기억에 남는다고 했다. 보 스켐베클러는 미국 미시간 대학교 미식축구 팀의 전설적인 감독으로 1969년 미시간 대학교에 감독으로 부임한 이후 1989년 현역에서 물러날 때까지 20년간 234승, 승률 85퍼센트라는 대기록을 달성했다. 홍 감독은 이 책을 통해 선수들을 이끄는 서구식 리더십의 요점을 파악할 수 있었다. 합리적이고 수평적인 서양식 리더십에 대해서 많은

점을 배웠지만 이 책을 읽으면서 오히려 동양식 정(情)의 리더십이 갖는 상대적인 장점을 확인할 수 있었다.

홍명보 감독은 또 일반 학생들이 지금보다 훨씬 더 많은 운동 시간을 가질 수 있도록 학교 정책을 바꿔야 한다는 생각도 가지고 있다. 컴퓨터와 게임, SNS소셜네트워킹서비스에 너무 많은 시간을 빼앗기는 청소년들이 몸과 정신의 균형을 잡기 위해서라도 더 많은 체육 활동을 하도록 배려해야 한다고 믿기 때문이다.

이와 더불어 해발 8,000미터가 넘는 히말라야에서도 살아남는 강한 정신력을 지닌 엄홍길 대장 등 남다른 경험을 한 사람들의 이야기를 직접 들을 수 있는 기회를 자주 마련하는 일도 필요하다고 생각한다. 책을 안 읽는 것보다는 읽는 것이 좋고, 책만 읽는 것보다는 인생의 깊은 체험을 한 사람들의 경험을 공유하는 게 청소년기에 좋은 자극이 될 것 같아서다.

> **TIP**
>
> **홍명보가 말하는 프로의 조건**
> - 팀보다 중요한 선수는 없다. 팀을 위해 헌신하라
> - 말보다는 행동으로 먼저 옮기라
> - 성장기에 기초 체력을 든든히 다지라
> - 언제나 최악의 상황을 가정해 대비책을 세우라
> - 인생에서 필요한 기본 소양-사람의 도리, 교양, 상식 등을 갖추라

● 축구는 왜 11명이 한 팀일까?

축구는 양 팀 11명씩 대결을 한다. 그래서 출전 선수들을 '베스트 일레븐best eleven'이라고도 한다.

축구는 1850년대까지만 해도 15~20명이 한 팀을 이뤘다. 그러던 것이 영국 사립학교들의 대항전으로 축구 경기를 채택하면서 11명으로 굳어졌다. 어핑검 스쿨, 셰필드 스쿨, 케임브리지 등 영국의 세 학교는 수차례의 정기전을 통해 각종 룰을 정했는데 선수를 11명으로 제한한 것도 이들 학교 축구팀 주장 모임에서였다.

이런 축구 규칙들은 1863년 12월 8일 영국축구협회가 창설되면서 공식 확정된다. 하지만 이것이 범세계적으로 보편화된 것은 19세기가 거의 끝나 가는 시점에서다. 축구가 올림픽에 처음 채택된 1908년 런던 올림픽과 1930년 제1회 우루과이 월드컵에서는 당연히 11명씩 뛰었다. 19세기 당시 영국 사립 학교들은 모두 기숙사를 운영하고 있었는데, 이들 방 대부분이 학생 10명씩을 수용했다고 한다. 각 방에는 학생 10명 외에 방장 또는 사감 역할을 맡은 시니어가 있었고, 축구는 이 방 단위로 경기를 했기 때문에 한 팀이 11명이 되었다는 설이 유력하다. 영국에서 시작된 크리켓과 필드하키도 선수는 11명이다. 미식축구도 11명이 뛰고 있다.

● 축구가 사커soccer가 된 사연

축구는 발foot로 공ball을 차는 경기지만 사커soccer라는 명칭을 더 많이 사용한다.

사커의 어원은 19세기 중반으로 거슬러 올라간다. 당시 영국 스포츠계에서 축구는 'association football', 즉 '협회 풋볼'로 불렸고, 현재의 럭비에 해당하는 스포츠는 '럭비rugby 스쿨'에서 유래했다 하여 '럭비 풋볼'로 불렸다.

그런데 당시의 영국 학생들 사이엔 말끝에 '-er'를 붙여 은어를 만드는 유행이 있었다고 한다. 학생들은 축구를 부를 때 football 대신 association에다 er를 붙여 assoccer라 부르기 시작했고, 이것이 점차 soccer로 굳어졌다.

하지만 국제축구연맹인 피파FIFA의 이름에는 여전히 football이 사용되고 있다. 피파는 프랑스어 Federation Internationale de Football Association의 약자이며, 말 그대로 번역하면 '풋볼협회 국제연맹'이라는 의미다.

● **피파센추리클럽**FIFA Century Club

FIFA가 공인하는 A매치에 100회 이상 출전한 선수의 모임으로 오랫동안 꾸준히 한 국가를 대표하는 기량을 갖추고 있어야 한다는 점에서 영예로운 자리다. 이집트의 아메드 하산이 184경기로 최다 기록을 갖고 있다.

한국에서는 홍명보136경기, 이운재132경기. 이영표127경기, 유상철122경기, 차범근121경기, 김태영105경기, 황선홍103경기, 박지성100경기 등 8명이 있다.

02

매력적인 골퍼, 버디 퀸
박지은

1979년 서울에서 태어났다. 골프를 좋아하는 아버지의 영향을 받아 여덟 살에 처음 골프를 접했고 리라초등학교 4학년 때 본격적으로 골프에 입문했다.
중학교 입학하던 해 미국으로 골프 유학을 떠나 애리조나 주립 대학에 이르기까지 미국 아마추어 무대를 휩쓸었다. 미국에서는 '그레이스 박'이란 이름으로 활동했다. 여자 골프계의 타이거 우즈가 될 것이란 평을 들었다. 학업 성적도 뛰어나 운동 성적과 학업 능력을 함께 평가하는 부문에서 여러 차례 전미 1위를 차지했다.
2000년 미국 여자 프로 골프 투어에 데뷔해 6승을 올렸다. 2004년 메이저 대회인 크라프트 나비스코 챔피언십에서 우승했고, 그해 최저 타수를 기록한 선수에게 주어지는 베어 트로피를 받았다. 버디를 많이 잡는 공격적인 플레이로 '버디 퀸'이란 애칭으로 불렸다. 2005년부터 고관절과 허리 부상 그리고 이어지는 수술로 슬럼프에 빠졌다. 2012년 6월 은퇴할 때까지 LPGA 통산 6승, LPGA 톱10 58회를 기록했다.

프로 골퍼 박지은은 필드에서 늘 힘차게 스윙하고 당당하게 걷는다. 경기에서도 공격적으로 스코어를 줄이는 스타일이어서 별명도 '버디 퀸'이었다. 화사하고 세련된 동시에 폭발적인 골프 실력을 갖춘 바지은의 이미지를 가장 압축적으로 보여 준 장면은 2004년 크라프트 나비스코 챔피언십의 우승 세리머니였다. 메이저 대회인 크라프트 나비스코 챔피언십의 우승자는 연못에 뛰어들어 우승을 자축하는 관례가 있다. 물에 젖은 채 두 손을 치켜들고 우승의 기쁨을 만끽하는 매력적인 모습은 골프를 잘 모르는 사람들 사이에서도 큰 화제가 될 정도였다. 이는 1998년 US 여자 오픈에서 박세리가 양말을 벗고 워터 해저드에 들어가 샷을 날리는 모습만큼이나 깊은 인상을 남긴, 미국 여자 프로 골프LPGA로 뻗어 나가던 한국 골프를 상징하는 장면이기도 했다.

미국 애리조나 주립 대학을 다니던 시절까지 미국 주니어와 아마추어 골프의 1인자였던 박지은은 미국 팬들도 엄청나게 많았다. 빌 클린턴 전 미국 대통령이 직접 팬이라고 밝히기도 했고, 그녀가 부상으로 대회에 잘 나오지 않던 2000년대 후반 미국 기자들은 한국 기자만 보면 "요즘 그레이스 박은 뭐 하느냐"고 근황을 물었다. 프로에 데뷔하던 2000년만 해도 당시 골프 여제로 불리던 스웨덴의 애니카 소렌스탐을 따라잡을 것이라고 기대를 모았던 박지은이 고질적인 허리 부상 때문에 LPGA 6승에 그친 것은 세계 골프계의 큰 손실이다.

한 달의 연습 기간
그리고 93타를 친 초등학생

서울 강남의 유명 음식점을 운영하는 유복한 집안에서 자란 박지은이 다른 골퍼들보다 더 좋은 여건에서 골프를 하고 학업을 할 수 있었던 것은 사실이다. 하지만 좋은 조건과 재능이 있다고 해도 끊임없이 노력을 기울이지 않으면 공정한 경쟁을 벌이는 어떤 분야에서도 최고의 자리에 오를 수 없다는 것 또한 사실이다. 그녀의 말마따나 '7번 아이언을 사 주신 분은 아버지지만 그것으로 공을 친 것은 자신'이었다.

박지은은 리라초등학교 4학년 때부터 본격적으로 골프를 배우기 시작했다. 한국의 많은 프로 골퍼들처럼 골프를 좋아하는 아버지의 영향,

즉 골프 대디의 적극적인 후원으로 골프와 인연을 맺게 됐다. 골프를 처음 접한 것은 초등학교 2학년 때였고, 4학년 때 아버지와 친분이 있던 프로 골퍼가 박지은에게 재능이 보인다며 한 달만 가르쳐 보고 싶다고 청해 와 레슨을 받기 시작했다. 그리고 한 달 뒤 93타를 쳐냈다.

초등학교를 졸업하면서 하와이로 골프 유학을 갔다. 이왕에 골프를 할 생각이면 여건이 좋은 곳에서 시작하는 것이 좋고, 또 행여 골프를 하다 잘 안 되더라도 최소한 영어는 배울 수 있지 않겠느냐는 것이 아버지의 생각이었다. 그와 더불어 박지은의 아버지가 강조한 것이 한 가지 더 있었는데 바로 운동을 하더라도 절대로 학업을 소홀히 해서는 안 된다는 것이었다. 이에 대해 박지은은 "어렸을 때는 너무 엄하다고 생각했는데, 지금 와서 생각하면 이런 게 가정 교육이구나, 나도 아이를 낳아서 기르면 제대로 가정 교육을 해야겠구나 하는 생각이 들었다"고 말했다.

박지은이 보통의 한국 골퍼들과 가장 다른 점은 대학 시절까지 공부와 운동 어느 것 하나 소홀히 하지 않고 병행했다는 것이다. 이는 그녀가 고등학교와 대학교 재학 중 미국 스포츠 선수 가운데 학업 성적과 각종 스포츠 대회 성적을 합산한 점수에서 전미全美 1위에게 주는 상을 여러 차례 받은 사실에서 드러난다.

미국에서는 기본적으로 운동선수도 학생이기 때문에 당연히 학업에 충실해야 한다는 사회적인 합의가 있다. 어려서부터 운동에만 '올인'하는 경우가 많은 한국과는 큰 차이가 있다.

어느 것 하나도
놓치기 싫었던 소녀

미국 프로 무대의 정상급 골퍼들 중에도 배 나온 선수들이 있고, 아마추어 고수들 중에는 평소 운동을 게을리하거나 심지어 과음을 한 다음 날에도 70대 타수를 기록했다며 자랑하는 사람들을 적지 않게 볼 수 있다. 필드에 서서 공을 쳐 날리는 골프는 체력 훈련이 크게 필요하지 않다는 오해를 받기 쉬운 운동이다. 하지만 나흘간 매일 바뀌는 바람과 날씨 속에서도 꾸준히 최고의 기량을 유지하기 위해서 가장 필요한 것은 체력이다. 골퍼가 되기 전 육상부 선수였던 박세리, 20층 아파트 계단을 매일 아침 오르내린 신지애 등을 생각해 보면 기초 체력 단련이 얼마나 중요한지를 알 수 있다.

박지은 역시 어린 시절부터 아버지의 지시에 따라 매일 아침 오르막길을 5킬로미터씩 달리며 체력 훈련을 해야 했다. 하와이 유학 시절 박지은은 동네에서 가장 높은 언덕배기에 살았다. 한국에 있던 아버지는 돌봐 주던 이모에게 박지은이 매일 아침 달리기를 할 수 있도록 해 달라고 부탁을 해 놓았다. 처음에는 동네 아래까지 내려가는 척하다가 다시 올라오는 등 요령을 피웠지만, 사정을 전해 들은 아버지가 아예 5킬로미터 떨어진 동네 아래까지 차로 내려놓고 오도록 해 그날 이후로는 어쩔 수 없이 매일 아침 5킬로미터에 달하는 오르막길을 달려야 했다. 처음엔 1시간 30분씩 걸렸지만 익숙해지자 달리는 시간은 점점 줄어들어 나중에는 30분밖에 걸리지 않았고, 그는 또래들보다 훨씬 월등한 체력을 갖추게 되었다.

그리고 초등학생 때부터 골프를 시작하긴 했지만 여기에만 매달리지 않고 다양한 스포츠를 두루 즐겨 지금도 스키와 수영은 선수 못지않은 실력을 갖추고 있다. 골프 선수지만 '골프만' 하지 않은 것이 바로 박지은이 전체적인 운동 신경과 폭발적인 힘을 기르는 비법이 되었다. 세계적으로 유명한 골프 연구 및 피팅 센터인 TPI^{Titleist Performance Institute}를 운영하는 미국의 의학 박사 그렉 로즈는 "어려서 몸의 에너지를 폭발시키는 스포츠를 하는 것이 골프의 파워를 키우는 데 절대적으로 필요하다"고 주장한다. 마치 성장판이 열린 동안 성장이 가능한 것처럼 골프도 중학생 시절까지는 다른 스포츠를 통해 전체적인 몸의 힘을 기르는 게 좋다는 설명이다. 미국의 장타자인 더스틴 존슨은 프로 농구에서도 통할 것이라고 평가받고, 여자 골프 세계 랭킹 1위의 청야니도 농구와 포켓볼 등 다양한 스포츠를 즐긴다고 한다.

천연 잔디와 저렴한 골프 비용 등 골프 환경이 잘 갖춰진 곳에서 박지은은 타고난 재능과 소질을 마음껏 키울 수 있었다. 게다가 지고는 못 사는 성격이 더해져 중학생 때부터 하와이에서 '골프는 그레이스 박'이라는 이야기를 들었다. 또 완벽주의에 가까운 지독한 성격 때문에 눈앞에 던져진 과제를 말끔하게 해결해야 직성이 풀려서, 학창 시절 내내 수업을 모두 마치고 해가 질 때까지 훈련한다는 원칙에 충실했다. 그녀가 지금도 가장 좋아하는 계절은 겨울이다. 해가 짧아 오후

5시까지만 훈련해도 됐기 때문이다. 하와이에서 2년을 보낸 뒤에는 애리조나 주로 옮겨서 골프를 계속했다. 애리조나는 전통적으로 각급 학교의 골프 실력이 강한 주로, 미국 PGA 투어의 인기 스타인 필 미켈슨도 애리조나 주립 대학을 나왔다.

  학업 성적도 뛰어났던 박지은은 명문 사립 대학인 스탠퍼드 대학에서 장학생으로 선발하겠다는 제의를 받았다. 아버지 역시 스탠퍼드로 진학하기를 바랐지만 자신의 성격을 잘 알고 있던 박지은은 학교 공부도 소홀히 할 수 없었고, 그렇게 운동과 골프를 병행하다가는 자신이 살아남을 수나 있을까 걱정이 되었다. 그래서 스탠퍼드보다 골프 랭킹이 뛰어난 애리조나 주립 대학으로 목표를 변경했다.

  애리조나 주립 대학을 다닐 때 박지은은 전미 주니어 랭킹 1위, 미국 아마추어 랭킹 1위, 미국 대학 랭킹 1위를 기록했다. US 아마추어 선수권, 웨스턴 아마추어 선수권, 위민스 트랜스 내셔널 등 굵직한 대회를 모두 우승하며 전미 여자 아마 랭킹 1위를 유지했다. 프로로 전향하기 전 스탠퍼드 재학 시절까지 각종 아마추어 대회를 석권하면서 주목을 받았던 타이거 우즈처럼 당시 박지은은 여자 골프의 타이거 우즈 같은 대접을 받았다.

드디어 데뷔한 프로 무대, 그리고 발목을 잡은 부상

여자 골프의 타이거 우즈가 될 것이라는 미국 골프계의 기대를 한 몸에 받으며 박지은은 2000년 프로로 전향했다. 기대에 걸맞게 데뷔 첫해 캐시아일랜드닷컴 클래식에서 우승했고, 2001년에는 오피스디포 우승을 차지했다. 2003년에도 1승을 추가했다.

하지만 무섭게 타수를 줄일 때는 천하무적의 골퍼로 보였지만 몸이 따라 주지 않을 때는 제대로 실력을 보여 주지 못했다. 아마추어 시절과 달리 기복이 있는 골퍼가 된 것이다.

그녀의 골프 인생에서 가장 빛났던 순간으로 기억되는 대회는 2004년 제주에서 열린 미국 LPGA 투어 나인브릿지 대회였다. 미국에서 오랫동안 지냈던 박지은으로서는 처음으로 국내 팬과 많은 가족 앞에서 최고의 기량을 보여 주며 우승할 수 있었기 때문이었다.

그러나 골프계의 새로운 아이돌 박지은에게는 남들이 모르는 치명적인 약점이 있었다. 심할 때는 소파에 제대로 앉을 수도 없을 만큼 그를 괴롭히는 허리 부상이었다. 1년에 1~2승도 대단한 성적이지만 당초 연 5~6승을 할 것이라는 기대에는 못 미치는 성적이었다.

박지은은 고교 시절 체육 수업을 받다 허리를 삐끗한 적이 있었지만 대수롭게 생각하지 않았다. 오랫동안 그녀를 괴롭히던 부상의 실체를 알게 된 것은 2011년이 되어서였다. 고관절과 허리 부상으로 2005년 이후 좀처럼 전성기 기량을 찾지 못하던 중 주변의 소개로 미국에서 한 중국계 미국인 의사를 만나게 되었다. 이 의사는 특이하게 한 달 동안 발만 만지며 상태를 파악했다. 통증의 원인을 찾아야 한다는 것이었다. 그리고 어릴 때부터 문제이던 허리 외에도 여러 곳의 인대와 근육의 문제를 잡아냈다. 결정적으로 박지은이 1년 이상 갈비뼈에 금이 간 상태로 훈련을 하고 대회에 나갔다는 충격적 사실을 알아냈다. 자신도 전혀 알지 못하고 있던 일이었다. 당시 특별히 어디가 아프지는 않은 것 같은데 골프를 제대로 못 치고 골프 카트에도 제대로 앉지 못할 정도로 고통을 받았다.

불발로 그치고 말았지만 박지은이 미국 여자 프로 골프 투어에서 마지막 재기를 시도했던 이유도 이 의사를 만난 뒤 몸이 서서히 정상으로 돌아온다는 느낌을 받았기 때문이었다. 생각해 보면 너무나 아쉬운 일이다. 세계 정상의 기술과 정신력을 가지고도 부상을 조기에 발견하고 제대로 치료하지 못해 꽃을 제대로 피우지 못했으니 말이다.

이런 경험들을 통해 박지은은 다른 종목도 마찬가지지만 골프만큼은 주니어 시절부터 몸과 부상에 관해서는 전문가들의 도움을 꼭 받아야 한다고 말한다. 그녀가 처음부터 문제점을 제대로 알고 꾸준히 치료를 받으면서 훈련을 병행했다면 더 좋은 성적을 올리며, 더 오랫동안 선수 생활을 할 수 있었을 것이다. 특히 우리나라 골퍼들은 몸이 아프거나 무리여도 그걸 참고 훈련하는 것을 미덕으로 생각하는 문화 때

▶ 박지은은 미 LPGA 투어에서 활약하던 시절 폭발적인 드라이버 샷과 공격적인 플레이로 버디를 많이 잡아 '버디 퀸'이란 애칭을 얻었다.

문에 부상을 키우기 쉽다.

박지은은 프로 데뷔 첫해인 2000년에도 부상이 제대로 완치가 안 된 상태에서 신인상 포인트를 따기 위해서 마지막 대회에 출전을 강행한 적도 있다. 당시 생각은 올 시즌은 이걸로 마무리하는 것이고, 첫날 대회에 나와서 뛰었으니까 남은 경기도 잘 끝내자는 단순한 생각이었다. 그런데 그 결정이 사실은 그녀의 골프 인생을 엄청나게 단축하는 역할을 한 것이다.

박지은은 이때를 회고하며 "생각해 보세요. 한창 자라는 선수가 프로가 된 후로 꽃도 제대로 못 피웠는데 부상 때문에 앞으로 어떻게 해야 할지 막막한 처지가 된다면 어떻겠어요"라고 말했다.

이처럼 박지은이 자신의 부상과 고통에 대해서 자세히 설명하는 것은 그만큼 부상으로 겪은 고통이 컸기 때문이다. 사실 골프는 다른 운동에 비해 선수 생명이 길긴 하지만 부상을 몸에 안고 사는 경우가 대부분이다. 골프 황제 타이거 우즈도 워낙 역동적인 스윙 때문에 그 에너지를 받아내는 왼쪽 무릎과 인대에 네 차례 이상 큰 수술을 받았다.

공부하는 운동선수

박지은은 20년 가깝게 미국에서 유학하고, 그 뒤에도 미국에서 프로 골퍼 생활을 한 덕분에 다른 한국 선수들이 골프보다 더 높은 벽이라고 느끼는 영어 인터뷰도 유창하게 해낸다. 동시에 그런 사실이 믿기지 않을 정도로 우리말 구사력이 뛰어나며, 우리말을 할 때는 조금도 영어 억양이 섞여 있지 않다. 고등학교나 대학교 때 미국으로 건너간 선수들도 우리말을 할 때 부자연스러운 발음과 억양, 표현이 섞이는 일이 잦다는 점을 생각해 보면 박지은이 대단하다는 것을 알 수 있다. 박지은은 영어도, 우리말도 열심히 공부하도록 뒷받침해 주었던 엄한 아버지에게 아직도 고마움을 느끼고 있다.

애리조나 주립 대학에서는 커뮤니케이션을 전공하며 미디어나 홍보와 관련된 분야를 공부했다. 처음에는 경영학을 전공할 생각이었지만 공부하기에 재미도 있고 앞으로 커뮤니케이션 관련 일을 할 수도 있을 것 같아 선택했다. 학점은 4점 만점에 평균 3.35를 유지해 스포츠를 하지 않는 일반 학생들 중에서도 우수한 성적이었다.

골프를 배우는 청소년 골퍼들은 반드시 자신이 골프 선수이기 이전에 먼저 학생이라는 사실을 잊어서는 안 된다. 골프든 어떤 스포츠든 운동과 학업을 병행하는 게 아니라, 학업을 하고 남는 시간에 스포츠를 즐긴다고 생각을 전환해야 한다. 또 한국도 미국처럼 운동선수가 반드시 학과 공부를 병행하도록 하는 제도를 도입해야 한다.

골프든 다른 운동이든 해외 조기 유학을 생각하고 있는 학생과 학부모들은 여기에 한 가지를 더 덧붙여 생각해야 한다. 중학생 때 하와이 골프 유학을 경험했던 박지은은 조기 유학이 장점도 많지만 기본적으로 어린아이들에게는 힘들 수밖에 없다는 점을 강조한다. 자신도 어린 시절 건너가 현지 친구들도 많이 사귀고 학교에서도 열심히 활동했지만 기본적으로는 외로움을 떨칠 수 없었다고 한다. 아무리 어릴 때부터 생활을 했어도 어차피 객지客地는 객지란 이야기였다. 정서적으로 안정감을 느끼지 못하면 연습을 해도 실력이 잘 늘지 않거나, 연습이나 훈련 자체에 제대로 집중할 수 없게 된다.

미국에서 골프 대회는 철저히 학교 수업에 지장을 주지 않도록 일정을 잡는다. 크리스마스 연휴나 추수 감사절 같은 휴일에 진행되고, 큰 대회는 주로 여름 방학에 열린다. 미국에서도 풋볼이나 야구 등 인기 종목의 경우엔 운동부 선수들의 학업 성적이 떨어지는 경향이 있어 사회적인 이슈가 되기도 한다. 하지만 NCAA National Collegiate Athletic Association, 미국대학체육협회 규정상 일정 학점을 넘지 못하는 학생들은 대회 출전이 금지된다. 따라서 학교에는 이 같은 학생들의 성적을 따로 관리해 주는 담당자들이 있다. 그래서 운동선수는 무조건 일주일에 서너 번씩 밤 7~9시에 자율 학습을 하도록 하고, 개인적으로 따라가기 어려운 과목에 대해서는 가정 교사를 붙여 주기도 한다.

하와이에서는 중학교 수업이 오전 7시 50분에 시작한다. 한 학기에 7과목을 이수해야 하고 오후 3시쯤 수업이 끝난다. 박지은의 골프 훈련은 이 시간 이후에 이루어졌다.

미국에 처음 건너간 중학교 때는 영어를 못해서 늘 고민이었다. 다행히 학교에 ESL 제2외국어로서의 영어 수업이 잘 돼 있어 부지런히 공부했다. 평소 학교 수업은 문제가 없었지만 여름 방학과 겨울 방학 때 하는 전지 훈련 시기가 문제였다. 공부를 할 수 있는 시간이 부족했기 때문이다. 그래도 어떻게든 시간을 내서 따로 공부하고, 따로 훈련하는 습관이 몸에 배도록 노력했다.

 많은 체육계 인사들이 어렸을 때부터 운동을 하는 경우도 공부하는 습관이 중요하다고 말한다. 한 번에 두세 시간씩 앉아서 읽거나, 공부하거나, 과제를 푸는 습관이 있으면 학업도 뒤처지지 않고 충분히 병행할 수 있다는 설명이다.
 주니어 골퍼가 나중에 프로 골퍼로 성공하는 비율은 1퍼센트도 채 되지 않는다는 미국 통계가 있다. 당연히 학창 시절에 공부를 제대로 하고 교우 관계를 잘 형성해 두는 것이 나중을 위해서라도 현명하다는 결론이 나온다. 그 나이 때 하고 넘어갈 일들을 빠뜨리지 말고 충실히 해야 한다는 사실을 늘 염두에 두어야 한다. 공부를 잘하고 못하고를 떠나서 친구들과 함께 학업 성적으로 고민도 하고, 책도 읽고, 취미 생활도 즐기는 게 인생의 중요한 부분 중 하나라는 사실을 놓치지 말아야 한다는 이야기다. 박지은은 특히 자신이 어떤 과목에서 A를 받아야겠다고 목표를 세우고 이루어 가는 과정에서 공부도, 운동도 자신감을 갖게 되었다는 자신의 경험을 이야기했다.
 박지은이 유학 생활 중 아쉬워하는 부분 중의 하나도 공부에 있다. 11학년_{한국의 고등학교 2학년에 해당}이 되던 해, 애리조나의 사립 학교에서 공립

학교로 옮겼다. 공부와 학업을 병행하다 보니 밤늦게까지 공부하고 새벽에 일어나서 운동하는 게 워낙 힘들어서 상대적으로 공부가 쉬운 공립으로 옮긴 것이다. 그런데 대학 입학 후 보니 사립 학교 1학년 때 배운 것들이 대학 과정의 튼튼한 기초가 되었다. 그 사실을 깨달은 뒤에는 공립으로 학교를 옮긴 것을 후회하기도 했다.

골프 유학을 하더라도 골프만 배우겠다는 생각이 아니라 여러 과목을 열심히 공부하고 다양한 경험을 두루 하겠다는 마음가짐은 앞으로의 인생에 큰 도움이 된다.

내 경기의 심판은 바로 '나'다

박지은에게 프로 골퍼는 일종의 천직이었다. 막상 은퇴를 하고 나니 자신이 얼마나 골프를 좋아했는지, 골프를 떠나서 다른 일은 할 수 없을 것 같다는 생각이 들었다.

물론 정상에 오를 실력이 돼야겠지만 어린 나이에 그만큼 돈과 명예를 가질 수 있는 직업도 드물다. 매년 '상금 왕'에 오르는 국내 여자 프로 골퍼의 경우 상금만 5억 원 안팎을 벌고 여기에 후원사 계약으로 연 1억 원 이상 버는 경우도 많다. 미국이나 일본의 정상급 여성 골퍼는 연간 20억 원 이상을 번다. 또 US 여자 오픈 등 메이저 대회에서 우승할 경우 영웅과 같은 대접을 받는다. 한국 여자 골프의 개척자였던 박세리는 국민 영웅이나 다름없는 존재다.

프로 골퍼는 다른 스포츠에 비해서는 스스로 관리할 수 있는 측면이 많다. 축구나 야구 같은 단체 운동도 장점이 많겠지만, 프로 골프는 개인 운동이기 때문에 자신의 노력과 준비가 바로 성적으로 직결되는 것이 가장 큰 특징이자, 장점이다. 그리고 골프는 스스로의 양심에 따라 규칙을 지켜 나가면서 하는 스포츠이기 때문에 심판이나 다른 변수가 개입할 여지가 적다.

무엇보다 부상이 없다면 40대가 넘어서도 전성기 못지않게 우승도 할 수 있는 스포츠가 골프다. 그만큼 선수 수명이 길다는 이야기다. 실제로 미국의 톰 왓슨 같은 골퍼는 2009년 메이저 대회인 브리티시 오픈에서 한국 나이로 60세에 거의 우승 직전까지 갔다 준우승을 한 적도 있다. 골프 장비와 관련 기술이 발전하고 골프 피트니스 등 골퍼의 몸을 관리하는 전문적인 영역이 발달하면서 나이가 들어서도 젊은이들 못지않은 비거리와 성적을 내는 골퍼들이 늘어나고 있다.

골프와 유관한 직업들이 많다는 점도 장점으로 꼽힌다. 가장 먼저 떠오르는 것이 주니어 골퍼나 아마추어 골퍼를 지도하는 레슨 프로가 있고, 골프장 매니지먼트나 코스 관리 등을 배울 수도 있다.

박지은이 은퇴를 선언했을 때 LPGA에서는 사무국에서 미디어 관련 일을 해 볼 생각이 없느냐는 의사를 타진한 적도 있다. 스타 선수였고 영어가 유창하고 대학에서 커뮤니케이션을 전공했던 이력 덕분이었다.

하지만 박지은은 제2의 인생을 좀 더 준비해서 시작하고 싶었다. 그 일환으로 고려대학교에서 골프장과 관련된 주제로 석사 학위 논문을 준비하고 있다. 평생 골프밖에 모르고 살았고, 앞으로도 골프와 관련된 일을 할 생각을 가지고 있다.

혼자 일어서
스스로 걸으라

주니어 골퍼와 부모들은 일찌감치 꽃을 피우겠다며 서두르는 조급증을 버려야 한다. 박지은은 주니어 시절 최고의 성적을 올리며 늘 1등을 했지만 가장 꽃을 피워야 할 20대에는 오히려 부상으로 마음껏 기량을 발휘하지 못했다. 다 때가 있다. 오히려 어려서는 기본기 연마에 치중하고 학교 공부도 열심히 하는 것이 더 중요하다. 한국에서는 국가 대표 포인트라는 게 있어서 상비군과 국가 대표에 들기 위해 어린 시절부터 가능한 한 많은 대회에 출전하고, 훈련에 매진한다. 하지만 김경태와 노승열처럼 주니어 시절부터 국가 대표로 명성을 날린 선수들이 있는 반면 배상문처럼 프로가 돼서 빛을 발하는 선수들도 있다는 사실을 기억해야 한다. 한국 남자 골퍼 중 가장 뛰어난 성적을 올린 최경주는 역도를 하다가 열여섯이 돼서야 골프를 시작했고, 어린 시절 보디빌더를 꿈꾸던 양용은은 스무 살이다 돼서야 연습장에서 아르바이트를 하며 골프를 배웠다. 늘 그 나이에 맞는 뭔가를 제대로 하고, 다른 스포츠도 즐기면서 성장하는 게 선수 수명도 길고 잠재력을 키울 수 있다는 이야기다.

학생은 공부도 정말 열심히 해야 한다. 다 차이가 있기 때문에 모두가 공부를 잘할 수는 없어도 초등학교, 중학교, 고등학교를 지나며 그 나이에 해야 할 공부도 하고 독서를 하면서 인생을 폭넓게 바라보는 것이 중요하다.

또 즐기면서 골프를 한다는 것이 얼마나 중요한가를 깨달아야 한다. 미국 여자 프로 골퍼들 중에는 40대가 다 돼서 전성기를 맞는 경우도 적지 않다. 그들은 대회가 끝나면 성적과 관계없이 시원하게 맥주를 한잔하며 즐겁게 결과를 받아들인다. 그렇게 훌훌 털어 버리고 다음 대회에 출전한다. 낭연히 스트레스가 쌓이는 징도가 직고 고민도 적다. 하지만 그렇게 하면서 더 오랫동안 프로로서의 생명을 유지할 수 있다. 성적이 나지 않으면 선수 본인은 물론이고 가족들까지 인상을 찌푸리는 한국 골프 문화와는 다르다.

마지막으로 강조하고 싶은 것은 독립의 중요성이다. 일정한 나이가 되면 그 골퍼를 키운 골프 대디나 엄마도 그만 놔줘야 하는 것이다. 박지은도 프로 데뷔 초창기에는 아버지가 일정을 관리한 적도 있다. 하지만 돌이켜 생각해 보면 전문가들에게 맡기는 것이 최상의 방법이라는 데 아버지도 동의한다고 한다. 오랫동안 딸이나 아들을 키워 온 입장에서 누구보다도 더 골퍼의 상태와 마음을 이해하지만 전문적인 영역의 도움만큼 체계적으로 도와줄 수는 없는 법이다.

신지애와 최나연도 한국에서 손꼽히는 적극적인 골프 대디들의 손에 이끌려 성장했지만, 이들이 진정한 골퍼로서 독립한 것은 부모의 곁을 떠나면서였다. 정신적으로도 더 빨리 성장하고 더 오랫동안 자신의 삶을 즐겁게 하는 과정으로서의 골프를 할 수 있는 것이다.

즐기는 사람을 이길 수는 없다고 하지 않는가.

> **TIP**
>
> **박지은이 말하는 프로의 조건**
> - 서둘러 성과를 내겠다는 조급증을 버리라
> - 자신의 나이에만 할 수 있는 일에 최선을 다하라
> - 즐기는 골프를 하라
> - 독립적인 골퍼가 돼라
> - 부상은 커지기 전에 확실하게 치료하라

- **미국 LPGA 투어의 주요 트로피**

  2012년 미 LPGA 투어에서 박인비는 상금 왕과 베어 트로피Vare trophy를 받았고, 유수연은 신인왕 타이틀을 차지했다. 상금 왕은 한 해 가장 많은 상금을 벌어들인 선수이고, 베어 트로피는 그해 평균 타수가 가장 낮은 선수에게 주는 상이다. 한 해 동안 각 대회마다 부여된 포인트를 합산해 가장 높은 선수에게 '올해의 선수' 타이틀을 수여한다. 2012년에는 미국의 스테이시 루이스가 차지했다. 박지은은 2004년 베어 트로피를 차지한 바 있다. 미 PGA 투어에서 올해의 선수와 신인왕은 동료 선수들의 투표로 결정된다.

- **골프 메이저 대회**

  전통과 권위, 상금 규모에서 최고의 대회들을 이른다. 남자 골프에는 마스터스, US 오픈, 브리티시 오픈, PGA 챔피언십 등 4대 메이저 대회가 있다. 4대 메이저 대회를 한 해에 모두 차지하는 것을 그랜드 슬램이라고 한다. 여자 골프는 나비스코 챔피언십, LPGA 챔피언십, US 여자 오픈, 브리티시 여자 오픈 등 4대 메이저 대회였다가 2013년부터 프랑스에서 열리는 에비앙 마스터스까지 포함해 5대 메이저 대회로 치러진다. 박지은은 2004년 나비스코 챔피언십에서 우승했다.

- **골프의 기원**

  골프의 기원에 대해서는 아직도 많은 논쟁이 있지만 중세 유럽의 스코틀랜드에서 시작되었다고 보는 것이 다수설이다. 스코틀랜드 지방에서 양을 기르던 목동들이 끝이 구부러진 나뭇가지로 돌멩이를 쳐서 날리는 민속놀이가 구기 종목으로 발전했다는 설이다. 네덜란드에서 어린이들이 실내에서 즐겨하던 콜프kolf라는 경기에서 비롯되었다는 설도 있다. 네덜란드의 콜벤이라는 오늘날의 크리켓이나 아이스하키와 비슷한 구기가 14세기경 바다를 건너 스코틀랜드에 전래되었다는 설도 있다. 500년 역사를 자랑하는 스코틀랜드 세인트앤드루스의 올드 코스를 많은 골프인들이 '골프의 고향'이라고 부른다.

03

원조 스포츠 아이돌
현정화

1969년 부산에서 태어나 초등학교 3학년 때 탁구를 시작했다. 중학교 3학년 때 영국에서 열린 세계 주니어 오픈에서 4관왕을 차지하며 세계 탁구계의 무서운 아이로 떠올랐고, 1986년 서울 아시안 게임 단체전 금메달에 이어 1988년 서울 올림픽 여자 복식에서 우승을 차지하며 국민적인 스타가 됐다. 곱상한 외모에 팬들이 많아 화장품 모델로 발탁되기도 했다. 1989년 도르트문트 세계 선수권 혼합 복식, 1991년 지바 세계 선수권 여자 단체전, 1993년 예테보리 세계 선수권 여자 단식에서 우승을 차지했다. 아시안 게임과 세계 선수권, 올림픽을 모두 제패했고, 세계 선수권에서는 단식과 복식, 혼합 복식, 단체전을 모두 우승하며 그랜드 슬램을 달성했다. 2011년 한국 선수로는 처음으로 국제탁구연맹 명예의 전당에 이름을 올렸다. 현역 은퇴 후에는 2002년 부산 아시안 게임부터 2012년 런던 올림픽까지 대표 팀의 코치와 감독을 맡아 후배들을 지도했다. 2011년 대한탁구협회 최연소 전무를 맡았고, 그해 국제탁구연맹 정기 총회에서 연맹 내 11개 분과 위원회 중 미디어 위원회 위원으로 선임됐다. 2012년 가을부터 로스앤젤레스에서 랭귀지 스쿨을 다니며 국제 스포츠 행정가가 되겠다는 꿈을 향해 달려가고 있다.

한국 탁구의 '살아 있는 전설' 현정화 감독은 피겨 스케이팅의 김연아, 리듬 체조의 손연재 못지않은 스포츠 아이돌이었다.

곱상한 얼굴의 열아홉 소녀가 1988년 서울 올림픽 여자 복식에서 양영자와 함께 금메달을 목에 걸자 전 국민이 그녀에게 열광했다. 팬레터가 2~3일이면 1000통 가까이 쌓였고, 팬들이 보내 준 인형을 방에 깔아 놓고 살았다. 대부분 여고생 팬이었다. 이런 인기를 바탕으로 화장품 모델까지 했는데 두 시간 동안 난생처음으로 진한 화장을 한 뒤 카메라 앞에선 그에게 고상하게 웃어 보라고 하자 탁구 선수 현정화는 "그런 것까지 어떻게 해요"라며 쑥스러워했다. 1980년대 스포츠 선수에게 화장품 모델은 낯선 일이었다.

역전의 짜릿함을 즐기는
타고난 승부사

지금 젊은 팬들에게 현정화가 얼마나 대단한 선수였는지 설명하려면 그녀가 2011년 한국인 최초로 국제탁구연맹International Table Tennis Federation, ITTF 명예의 전당에 이름을 올린 사실만 거론해도 충분하다.

명예의 전당은 반짝 우승해서 얻을 수 있는 영예가 아니다. 선수 출신으로 명예의 전당에 오르기 위해서는 세계 선수권 대회와 올림픽에서 최소 다섯 개의 금메달을 따야 한다. 중국 말고도 각국 대표 선수 중 상당수가 중국에서 귀화한 선수들로 채워지는 세계 탁구계에서 한국 선수가 이런 위업을 달성했다는 것이 오히려 믿기지 않을 정도다.

현정화는 1986년 서울 아시안 게임 여자 단체 금메달, 1987년 뉴델리 세계 탁구 선수권 대회 여자 복식 금메달, 1988년 서울 올림픽 여자 복식 금메달, 1989년 도르트문트 세계 탁구 선수권 대회 혼합 복식 금메달, 1990년 베이징 아시안 게임 여자 복식 금메달, 1991년 지바 세계 탁구 선수권 대회 여자 단체전 남북 단일팀 금메달, 1993년 예테보리 세계 탁구 선수권 대회 여자 단식 금메달을 따냈다. 세계 선수권·아시안 게임·아시아 선수권을 모두 제패했고, 세계 탁구 선수권 대회에서 네 종목을 돌아가며 모두 우승하는 그랜드 슬램을 이뤘다. 1994년 국내 최강전을 휩쓴 뒤 유니폼을 벗을 때까지 현정화는 그야말로 선수로서는 더 이상 이룰 것이 남아 있지 않은 전설적인 발자취를 남겼다.

현정화는 그 뒤 마사회 감독, 국가 대표 팀 감독, 대한탁구협회 최연소 전무를 맡는 등 지도자와 행정가로서 1인 2역, 혹은 1인 3역을 담당했다. 2011년 세계 선수권 대회가 열린 네덜란드 로테르담에서 있었던 ITTF 정기 총회에서 ITTF 내 11개 분과 위원회 중 미디어 위원회Media Commission 위원으로 선임됐다. 임기 2년 동안 14명으로 구성된 미디어위원회의 일원으로서 ITTF 홍보와 관련된 사안을 논의하고 지원하는 역할을 맡은 것이다.

당시 현정화 전무는 "국제 스포츠 행정가가 되는 것이 오랫동안 품어 온 꿈이었다. 국제 무대에서 스포츠 행정 시스템과 홍보 노하우를 배워 한국 탁구를 세계에 알리겠다"고 다짐했다.

현정화는 2012년 가을 탁구협회 전무를 그만두고, 마사회 감독은 휴직을 한 상태에서 미국 로스앤젤레스로 자비 유학을 떠났다. 남편과 아이들까지 모두 미국으로 간 이유는 영어를 제대로 해 보고 싶어서였다. 랭귀지 스쿨에서 하루 4~5시간 수업을 받고 있는데 오랜만에 영어 공부를 하려니 쉽지 않지만 그래도 시작한 것이니 끝을 보고 가겠다는 포부다. 무엇이든 적당히 하지 못하는 성격 때문이다. 1년 가지고는 안 될 것 같아서 2년은 해야 하지 않나 하는 생각도 하고 있다. 그녀가 들여다본 국제탁구연맹은 연간 20여 차례의 국제 대회를 통해 각종 스폰서십과 프로모션 활동으로 넉넉한 재정을 꾸려 가는 단체였다. 중국이 탁구 경기에서는 주도권을 쥐고 있지만 행정은 유럽 선수 출신들이 장악하고 있었다. 역시 영어와 서구 문화를 공유하는 이들끼리 단합이 잘됐고 아시아 출신들이 끼어들 여지가 많지 않았다.

무엇 하나를 하든 똑 부러지게 해야 하는 현정화는 오랫동안 선수와 지도자로 활동하면서 일상적인 영어 대화에는 어려움이 없지만 국제 무대에서 제대로 역할을 해내려면 고급 영어를 할 줄 알아야 한다는 결론을 내렸다.

현정화는 현역 시절 한 점 한 점 쫓아 올라갈 때의 그 느낌이 좋다던 타고난 승부사였다. 역전할 때의 피를 말릴 듯한 팽팽한 긴장감을 사랑했고, 경기장에 들어설 때 머리털이 쭈뼛쭈뼛 서는 느낌까지 좋아 긴장이 없으면 사는 것 같지가 않다고 했다. 그래서 그녀는 안정적인 생활이 보장된 한국을 박차고 40대 중반에 영어를 배우겠다고 미국으로 떠났다.

또 어릴 때부터 지고는 못 사는 '독종'이었다. 부산상고 탁구 선수였던 아버지의 영향으로 초등학교 3학년이던 열 살에 라켓을 잡은 그녀는 '자기가 투자한 시간만큼, 땀 흘리고 연습한 만큼 실력이 나온다'를 좌우명으로 삼고 지냈다. 늘 남들보다 10분 먼저 연습을 시작하고, 10분 늦게 끝냈다. 마룻바닥에서 훈련하느라 발바닥에 물집이 가득 잡혀도 하루도 쉰 적이 없었다.

현정화가 그렇게 자신을 몰아붙였던 이유 중 하나는 중학교 2학년 때 세상을 떠난 아버지를 대신해 생계를 이어 가느라 힘들었던 어머니를 머릿속에 떠올렸기 때문이다. 고단한 삶을 살면서도 자신을 포함한 세 딸의 도시락을 한 번도 거르지 않고 챙겨 주던 어머니를 기쁘게 해 드리기 위해서라도 반드시 1등을 해야겠다고 마음먹었다.

그녀의 어머니는 원래 현정화가 탁구를 하는 걸 반대했다. 학교 공부를 못하는 편이 아닌데다, 운동하면 배고프게 산다고 생각했다. 그러나 그러던 어머니도 영국 세계 주니어 오픈에서 4관왕이 되니 더 이상 반대하지 않으셨다.

생계를 위해 어머니는 늘 집에 없었다. 큰 회사의 조리사로 취직해 매일 새벽 출근하고 밤늦게 퇴근하는데도 세 딸의 도시락, 간식 챙기는 걸 잊지 않았다. 그래서 현정화에게 가족이 함께하는 일요일은 좋은 추억으로 남아 있다. 훈련이 없어 늦잠을 자고 있으면, 어머니가 부엌에서 달그락거리며 밥하는 소리가 참 좋았다. 일요일 오후엔 다 같이 때 밀러 목욕탕에 가고, 집에 돌아올 때 요구르트를 사 먹었다. 어머니가 낮잠을 자거나 쉬는 모습을 본 적이 없는 현정화는 어머니를 위해 성공하고, 어머니를 위해 1등 하자고 다짐했다.

중학교 3학년, 영국에서 4관왕을 차지하며 세계 탁구계의 무서운 아이가 된 현정화는 17세에 태극 마크를 달고 1986년 서울 아시안 게임 단체전을 시작으로 금메달 행진을 시작했다.

역전의 승부사,
그에게 끝까지 포기는 없다

현정화는 항상 끝까지 포기하지 말자는 각오로 경기에 임했다. 그래서인지 그는 극적인 역전승을 거두는 경우가 많았다. 지고 있어도 무덤덤한 표정으로 "파이팅!"이라고 외치고 한 점 한 점씩 따라붙는 그의 트레이드 마크와 같은 모습은 상대에겐 공포의 대상이었다.

식사를 한 뒤 나른함이 제일 싫다는 그녀는 승부의 팽팽한 긴장감을 오히려 즐기는 진정한 승부사다. 술을 마실 때도 남들보다 먼저 쓰러진 적이 없다는 이야기가 탁구계에서 돌 정도로 지는 걸 싫어한다. 곱상한 외모에 감춰진 이와 같은 승부사 기질에 사람들은 더 환호했다.

현정화는 훈련을 통해 자신의 능력을 극대화하고, 승부의 현장에서 자신의 장점은 부각시키고 상대의 단점을 노출시켜 승리를 쟁취하는 고도의 승리 방정식을 완성시킨 사람이었다.

우선 연습 방법부터 지독했다. 스포츠는 자기가 투자한 시간만큼, 땀 흘리고 연습한 만큼 실력이 나온다는 진리를 잊지 않았다. 더 나오지도, 덜 나오지도 않고 딱 그만큼만 나온다는 것을 몸으로 알고 있었다.

마룻바닥에서 훈련하고 시합하던 선수 시절 현정화의 발바닥은 툭 하면 갈라지고 물집이 잡혔다. 바늘로 터뜨린 뒤 실을 끼워 넣었다. 물집이 터져도 물이 남아 있으면 계속 옆으로 번지니까 실을 넣어 물을 빨아들이는 것이다. 터진 물집이 서로 밀려 쓰라린 상태로 계속 연습한다. 몸살이 나도, 잠이 부족해도 연습을 하루 쉰다는 건 생각할 수도 없다. 스포츠의 세계에 타협이란 없고, 독해야 살아남기 때문이다. 1등은 한 사람이니까 홀로 서야 한다. 그렇다고 무작정 연습을 오래한 것은 아니다. 남보다 10분 먼저 연습하고 10분 더 남아 연습하면서 집중력 키우는 훈련을 많이 했다. 공만 보는 훈련, 즉 상대의 얼굴을 보는 게 아니라 볼과 상대의 라켓만 보는 연습을 하다 보면 공과 라켓, 자신의 몸이 하나가 되는 순간이 온다. 신들린 듯 공을 칠 수 있다.

탁구공의 무게는 2.7그램, 탁구대는 폭 1.525미터, 길이 2.74미터, 높이 76센티미터다. 사람의 시선이 따라가기 힘들 정도로 빠른 속도로 랠리가 거듭된다. 탁구공이 여기저기로 튄다고 운이나 기술력이 가장 많이 작용할 것 같지만 절대 그렇지 않다. 인내가 가장 중요하다.

탁구의 기술에는 단계가 있는데 처음에 한 단계 배우고, 또 그다음 단계를 배우는 식으로 단계를 밟고 올라간다. 정상급 선수들은 결국 맨 위에서 만난다. 기술에서는 어느 선까지 똑같이 가는 것이다. 그 뒤는 훈련의 차이다. 하루는 열심히 할 수 있지만, 다음 날에는 몸이 피곤하니까 쉬고 싶어지기 마련이다. 이기기 위해서는 그런 기분을 극복하는 것 외에는 방법이 없다. 이길 수 있다는 자신감이 생길 때까지 말이다. 현정화는 매일 자신을 이긴 후의 느낌을 '앞에 서면 문이 저절로 열리는 자동문 같다'고 표현했다. 눈에 잘 보이지 않을 정도로 빠른 공이 들어오는데 자동으로 팔을 뻗고 그렇게 친 공이 탁구대 안에 무섭게 꽂히는, 머리가 아니라 근육이 동작을 외울 정도가 될 때 무언가를 이뤘다고 스스로 평할 수 있다는 것이다.

현정화가 얼굴에 감정을 잘 드러내지 않는 것은 기를 뺏기지 않기 위해서다. 아무리 지고 있는 상황에서도 상대의 타이밍을 절묘하게 빼앗아 오면 단박에 승기를 잡을 수 있다. 그걸 잡기 위해, 그리고 자신의 빈틈을 보이지 않기 위해 이기든 지든 무덤덤한 표정으로 파이팅을 외치며 자신도 상대도 조금도 방심하지 못하게 빈틈없는 호흡으로 몰아가는 것이다.

타고난 승부사지만 현정화에게도 가끔은 라켓을 집어던지고 도망가고 싶은 충동이 있었다. 그런데 포기하면 지는 것이고, 스포츠 선수는 이겨야 한다. 스포츠가 삶인 선수들에게는 승리가 목적이고 생명이기 때문이다. 그래서 경기에 지고 있어도 그녀는 늘 뒤집을 수 있다는 확신을 갖고 있었다. 그것은 기술의 문제가 아니라 정신력의 싸움이라는 승부관 때문이다. 아무리 격차가 벌어져도 집중력을 살리면 승기를 잡을 수 있다.

▶ 1991년 4월 30일 일본 지바 닛폰컨벤션센터에서 열린 제41회 세계 탁구 선수권 대회 여자 단체 결승전. 탁구 남북 단일팀 '코리아'의 현정화오른쪽와 북한의 리분희는 복식조 금메달을 따냈다. 역전하는 순간의 짜릿함을 즐기는 현정화는 타고난 승부사다.

발전 없는 반복은
패배로 가는 지름길

세계 정상의 자리에 있었던 1994년 3월 선수에서 은퇴하고 지도자의 길을 시작했다. 선수 시절엔 감독님이 자꾸 안 되는 걸 하라고 하니까 힘들었는데 감독이 돼 보니 남의 말을 받아들이는 선수가 이기는 선수가 되더라는 걸 깨달았다. 선수 본인은 자기 기술이 최고라고 생각하기 십상인데 아무리 좋은 기술이라도 같은 것만 반복하면 상대방에게 무너질 수밖에 없다.

탁구에서 공중에 높이 뜬 채로 오는 공을 찬스 볼이라고 한다. 하지만 이것이 자칫 실점으로 연결될 수 있다. 찬스 볼이 찬스 볼이 아닌 것이다. 언뜻 보기엔 뜬 공이라 강하게 스매시 할 절호의 기회 같지만 바로 거기에 함정이 있는 경우가 많다. 찬스 볼일수록 조심조심 다뤄야 한다. 공을 절대 함부로 치지 말고, 공 하나하나에 정성을 들여야 한다. 그런 점에서 탁구는 인생과 닮았다.

승리의 기쁨, 패배의 아픔을 오래 간직해서는 늘 이길 수 없다. 그래서 빨리 잊어버리고 새로운 나로 돌아오는 게 중요하다. 빠르게 제자리로 돌아오는 선수가 결국 이기는 선수가 된다. 끝나고 나면 그 경기는 말 그대로 끝난 경기다. 이겼다, 졌다 하는 건 결국 마음일 뿐이다. 마음이 진 것이지 세상이 변한 건 아니다. 그래서 현정화는 음악이나 여행으로 하루 정도 뭔가 다른 일을 하면서 원래의 모습으로 빨리 돌

현정화

아오도록 스스로 재촉하며 살았다. 경기하기 전에 느끼는 긴장감을 그녀가 처음부터 좋아한 것은 아니다. 하지만 살아가면서 우리가 스스로 긴장감을 줄 수 있는 시기가 얼마나 될까. 똑같은 시합임에도 하나도 긴장이 안 될 때가 있는데 무조건 못할 때다. 준비를 안 했다는 뜻이기 때문이다. 긴장을 하건 이기건 지건 결국 '나'와의 싸움이다. 다른 사람이 무엇을 하며 사는지, 우리는 알 수가 없다. 오늘도 어제 같이, 내일도 오늘 같이 매일 스스로를 이기며 살아가는 수밖에 없다.

이렇게 철저한 승부관을 갖고 있지만 승부의 세계를 떠나면 남에게 양보하고 마음 편하게 사는 것이 더 좋다고 했다. 그래서 오랫동안 정을 나누는 친구도 많은 편이다. 남편에게 잘하려고 노력하고, 바쁜 것에 대해 미안한 마음을 늘 표현한다. 집에 있을 땐 두 아이를 보살피며 아내의 역할에 최선을 다하기 때문에 그게 씌워 본 일도 없다. 출장이 잦은 편이지만 자녀 교육은 엄격하게 한다. 거짓말을 하거나 자기 할 일을 안 했을 땐 회초리도 들고, 준비물 빠뜨리고 가면 절대 갖다 주지 않아 선생님께 혼나고 정신을 차리도록 한다고 했다.

남북 단일팀 '코리아'의 추억

1991년 남북 단일팀은 세계 탁구사에 길

이 새겨질 명장면을 남겼다. 1991년 일본 지바에서 열린 세계 탁구 선수권에서 현정화·리분희·홍차옥·유순복으로 구성된 '코리아' 팀은 결승전에서 3시간 40분의 혈투 끝에 세계 최강 중국을 3대 2로 꺾는 이변을 연출했다.

당시 '코리아' 팀의 이야기는 2012년 영화 「코리아」로 만들어지기도 했다. 그때의 기억은 현정화에게도 잊을 수 없는 추억이자, 인생에서 가장 극적이었던 순간이었다. 현정화는 팀의 에이스로 단식은 물론 북한의 리분희와 짝을 이뤄 복식에서도 종횡무진 활약했다. 어지간해서는 울지 않는 현정화도 결승전이 끝난 뒤엔 펑펑 울면서 동료들과 함께 기쁨을 나눴다. 처음 만났을 때 현정화는 한 살 위 리분희에게 '분희 언니'라고 불렀고, 리분희는 '정화 동무'라고 했다. 서로 말도 없이 연습만 하다가 훈련 시간이 끝나면 곧장 방으로 돌아가는 생활이었다. 감시하는 사람이 있어서인지 리분희는 경계하는 눈치였다.

합숙 훈련 기간 동안 리분희는 이상하게 쉽게 지쳤고, 같이 연습할 시간이 부족했다. 조남풍 북한 대표 팀 감독에게 '리분희가 B형 간염을 앓고 있다'는 말을 들었다. 그 뒤로 현정화는 리분희를 친언니처럼 돌봤다. 식당에 내려오지 않으면 밥을 챙겨 방에 직접 갖다 줬고, 숙소 밖에서 초밥 등 '특식'을 사다 주기도 했다. 결국 리분희도 마음을 열었고, 둘은 친자매처럼 지내게 되었다.

이때의 감동을 전하는 영화 「코리아」의 촬영을 현정화도 적극적으로 도왔다. 유럽 선수로 나올 외국 배우 섭외를 위해 영국탁구협회에 직

접 의뢰하기도 했고, 주연 배우인 하지원과 배두나에게 6개월 동안 하루 3~4시간씩 탁구를 가르쳤다. 하지원과는 사우나도 같이 다닐 정도로 친해져서 언니와 동생 사이로 지내게 됐다. 현정화에게는 1991년 세계 선수권 대회 덕분에 언니리분희가 하나 생겼는데, 21년 뒤에는 동생을 한 명 더 얻은 셈이었다. 1991년 세계 선수권이 끝난 뒤 현정화는 리분희와 두 번 더 만났다. 한 번은 1992년 바르셀로나 올림픽, 또 한 번은 1993년 예테보리 세계 선수권이었다. 그러곤 19년간 재회하지 못했다. 그 사이 한국과 북한은 한 번도 세계 선수권 단체전 정상에 서지 못했다. 현정화는 남북 단일팀을 한 번 더 추진할 계획이다. 리분희와 당시 단일팀의 주역들이 한자리에 다시 모여서 중국을 다시 한 번 꺾고 싶은 것이다.

2012년에는 자신의 노하우를 담은 탁구 교본을 펴내며 책의 수익금을 남북한 장애인 탁구 선수들을 위해 기부하기도 했다. 남북 단일팀으로 함께 출전했던 리분희를 생각하며 결심한 것이었다. 리분희 선수는 장애가 있는 자신의 아이 덕에 자연스럽게 그 분야에 관심을 가지면서, 장애인 협회 서기장이 된 것으로 알려졌다. 현정화는 탁구를 통해 남북의 화해에 기여하고 열악한 상황에 처한 북한의 장애인을 돕는 데 조금이라도 보탬이 될 생각이다.

탈출구는 바로
한 뼘 위에 존재한다

현정화는 1992년 바르셀로나 올림픽 여자 단식과 복식에서 중국 덩야핑에게 지면서 동메달 두 개를 따고 돌아왔다. 사실 동메달도 잘한 것이었지만 팬들과 언론의 반응은 냉담했다. 현정화 자신도 지나치게 메달에만 연연했고, 오로지 메달을 따고 싶은 욕심에서 벗어나지 못했다.

단신인 덩야핑은 테이블에 딱 붙어서 정신없이 몰아치는 선수다. 늘 만나면 불꽃이 튀었는데 정말 강하다는 생각이 저절로 들 정도로 덩야핑의 기가 셌다. 이 선수를 이기기 위해서는 정말로 신들린 듯 칠 수 있어야 하는 데 그러질 못했다. 바르셀로나에서 덩야핑에게 진 뒤 '현정화의 시대는 갔다'는 기사가 쏟아졌다.

슬럼프에 빠졌지만 이것이 오히려 탁구에 대한 자신의 생각을 바꾼 계기가 됐다. 이전에는 꼭 1등을 해야 하고, 1등만이 사람들을 감동시킨다고 생각했다. 그런데 실패하고 좌절한 자신의 모습까지 지켜보고, 응원해 주는 사람들이 있다는 사실을 깨닫고 승리에 연연하지 않고, 좋은 경기를 보여주는 선수, 최선을 다하는 선수가 되자고 다짐했다. 그래서 현정화는 수영 박태환 선수의 슬럼프 극복에 박수를 보낸다고 했다. 세계 정상에 섰다가 바닥까지 내려갔을 때 다시 올라서기란 쉽지 않은 법이다. 정신적으로 한 뼘 이상 커야 슬럼프를 극복해 낼 수 있고, 더 큰 마음으로 자신이 하는 일에 애정을 가지고 다시 최선을 다할 수 있게 된다. 박태환이 그동안 누구도 안겨 주지 않았던 행복과 즐거움을 국민에게 선사한 만큼 더 큰 박수를 받을 자격이 있다고 생각한다.

현정화는 바르셀로나의 패배 이후 불과 1년 만인 1993년 예테보리 세계 선수권 대회에서 한국 선수 최초로 여자 단식 금메달을 따냈다.

선수에서 지도자로, 행정가까지
끝없는 도전과 변신

현정화는 1993년 예테보리 세계 선수권 여자 단식 우승으로 세계 선수권 그랜드 슬램을 달성한 뒤 1994년 3월 국내 최강전 여자 단식과 복식을 우승하고 25세의 나이로 현역에서 은퇴했다. 여전히 선수로서 전성기를 누릴 만한 나이였는데도 과감하게 은퇴를 결심했다. 훈련 없이 1등을 할 수 없고, 훈련 없이 1등 하는 걸 받아들일 수도 없는 자신의 성격 때문에 더 이상 선수 생활을 계속하지 않는 게 좋다는 결론을 내렸다. 좋은 선수로 기억될 때 은퇴한 것이다. 더 이상 훈련을 안 해도 됐지만 새벽 6시만 되면 눈이 떠졌다. 어이가 없어 영어 학원 새벽반을 다니기도 했다. 6개월 동안 허공을 걷는 듯, 뭘 하고 사는지 모르겠는 무기력증에 시달렸다. 대학원 공부를 해도 크게 달라지지 않았다.

그러다가 1996년 창단된 한국 마사회 탁구 팀 코치를 맡으면서 활력을 되찾았다. 실업 팀을 이끌면서 지도력을 인정받은 그는 2002년 부산 아시안 게임에서부터 2012년 런던 올림픽 때까지 10년간 대표 팀 코치와 감독을 지냈다. 지도자의 길을 걷기 시작한 뒤로는 선수 때와는 달리 여유를 가졌다. 선수들을 혹독하게 가르치는 것보다는 회식하고, 영화도 같이 보면서 지냈다. 대신 경기를 포기하거나 게으름을 피우면 엄하게 다스린다.

딸에게도 1등만을 강요하기보다는 타인과 사회에 도움이 되는 사람이 되라고 가르친다. 그녀는 자신의 딸과 제자들이 무엇보다도 주변에 도움을 주는 사람이 되기를 바란다. 1등만 바라보며 성적 위주의 삶을 살아온 자신의 인생을 통해 그게 전부가 아니란 걸 절감했기 때문이다. 1등보다 더 아름답고 가치 있는 삶도 존재한다는 사실을 알려 주고 싶다. 그래서 독종 선수였던 현정화는 독종 지도자는 되지 못했다. 선수들 고충을 너무 잘 아니까 배려를 먼저 한다. 그래도 아직 포기하지 않는 원칙은 승부를 쉽게 포기하지 않도록 가르치는 것이다. 승부 근성 없이 대충 운동을 하는 친구가 눈에 보이면 "탁구가 네 인생인데, 그렇게 쉽게 보여? 하지 마!"라고 잘라 말한다.

현정화가 대선수로 성장하는 데는 멘토들의 영향도 컸다. 그녀의 어렸을 적 지도자들은 세계 최고의 선수를 키워 내기 위해 끝까지 파고드는 장인 정신을 지닌 분들이 많았다. 한국이 세계 무대에서 중국의 만리장성을 허물고 정상에 설 수 있었던 것도 이런 장인 정신을 지닌 지도자들 덕분이라는 생각이다. 고등학교 때 탁구 선생님은 기술보다도 사람됨을 가르치셨다. 중학교 3학년 때 만난 국가 대표 이에리사 코치는 현정화의 플레이 스타일을 '전진속공형'으로 바꿔 주었다. 1988년 서울 올림픽에서 금메달을 함께 한 양영자 선배도 잊을 수 없는 도움을 주었다. 몽골에서 선교사로 일하는 그녀는 가끔 볼 때마다 살이 너무 빠진다고 걱정해 주는 따뜻한 선배다. 현정화 감독도 선수들이 자신의 기량을 닦으면서도 사회와 남에게 도움이 되는 길로 성장할 수 있도록 도움을 주고 싶어 한다.

  현정화는 2007년 대한탁구협회의 감독 권한 침해에 반발해 유남규와 국가 대표 감독직을 동반 사퇴했다. 감독은 권한을 최대한 발휘하고, 대신 책임을 철저히 지면 된다. 탁구협회는 한국 탁구를 위해서 존재하는 조직이지 개인의 이익, 지기 팀의 이익을 내세우면 안 된다는 주장을 폈다. 대표 팀 감독 사퇴는 그녀에게도 좋지 않은 기억이지만 후회하진 않는다. '좋은 게 좋은 거'라고 계속 굴러가면 독이 될 뿐이라고 믿기 때문이다. 대한탁구협회 전무 이사를 하면서는 정말 좋은 행정은 종목을 살릴 수도 있고, 그렇지 못하면 죽일 수도 있다는 것을 깨닫게 되기도 했다.

녹색 테이블 위에서 펼쳐지는
치열한 두뇌 게임

현정화가 말하는 탁구의 매력은 녹색 테이블을 사이에 놓고 펼치는 양쪽의 두뇌 게임이 주는 오묘한 짜릿함에 있다. 한두 번 탁구공이 오가는 짧은 시간에 상대의 장단점을 파악하고, 나의 강점과 상대방의 약점이 경기에서 반복해서 나타나도록 조합하는 것이 승부의 요체다. 수준급 선수들의 대결에선 한쪽이 실력이 월등해서 이기는 게 아니다. 주도권 싸움을 벌이다 정교하게 자신의 장점이 부각되도록 경기를 이끌어 결국 승리할 때의 느낌은 무엇과도 바꿀 수 없는 희열이다. 그래서 현정화는 이런 즐거움을 한번 맛본 이들은 절대로 탁구에서 벗어날 수 없다는 생각을 갖고 있다.

최근 들어 한국 탁구는 예전 같은 실력을 발휘하지 못하고 있다. 예전엔 그래도 중국과 접전을 벌이다 밀리긴 했지만 적지 않게 이변을 일으키는 주인공이 한국이었다. 지금 중국은 한국이나 다른 나라가 넘볼 수 없는 수준에 가 있다. 사실 그동안 한국이 중국의 아성을 무너뜨릴 수 있었던 것은 기적이나 다름없는 일이다. 두세 살만 되면 자연스럽게 탁구채를 잡는 중국에서 탁구는 생활이고, 최고의 인기 스포츠다. 탁구를 잘하면 전 국민의 스타가 되고 많은 돈을 벌 수 있다. 한국은 몇몇 뛰어난 지도자들이 중국을 잡겠다는 집념과 최고의 경지를 개척하려는 장인 정신을 지니고 있었고, 몇몇 천부적 재능을 지닌 선수들이 놀라운 정신력과 강한 훈련을 바탕으로 치밀하게 중국을 연구해서 기적을 연출해 왔던 것이다. 시대가 변하면서 이처럼 기적 같은 승전보는 줄어들었지만 오히려 요즘엔 생활 체육으로 탁구를 즐기는 이들이 늘고 있다. 이렇게 저변이 점차 확대되기 시작하면 이들 중에서 탁구 영재를 발굴해, 이들이 국가 대표로 성장한다면 새로운 수준의 한국 탁구를 만날 수도 있다는 희망을 현정화 감독은 갖고 있다.

탁구 선수로 성공하려면 체력과 기술이 필요하지만 가장 중요한 것은 두뇌와 정신력이다. 오묘한 두뇌 게임으로서의 탁구를 이해하지 못하면 선수로 대성하기는 쉽지 않다. 훈련 시간은 효율적으로 쓴다면 하루 네 시간이면 충분하다. 나머지 시간엔 공부도 하고, 독서도 하고, 친구들과 어울리는 시간을 가지면서 사회성을 기르는 것이 이상적이다. 현정화는 장차 자신이 운영하려고 구상 중인 탁구 아카데미에서 탁구 훈련도 꼭 필요한 것 위주로 네 시간, 공부도 꼭 필요한 것으로 네 시간씩 하는 프로그램을 실행할 예정이다. 불필요한 체력 훈련과 타성적인 탁구 훈련으로는 아무리 오랜 시간을 연습해도 효과가 떨어진다. 체력은 넘치는데 탁구 재능은 떨어지는 선수, 탁구 재능은 있는데 세계적인 선수가 되겠다는 열정이 부족한 선수들은 아무리 많아도 그 나라 탁구 실력이 향상될 수 없다.

그런 점에서 지도자를 육성하는 것도 한국 탁구로서는 시급한 과제다. 선수를 보는 눈과 가르치는 노하우를 겸비한 지도자가 없으면 선수들에게 동기 부여를 제대로 하기 힘들다. 장차 재목으로 성장할 선수가 있어도 제때 효과적인 교육을 하지 못해 평범한 선수로 전락하는 경우도 발생한다.

현정화 감독은 무엇보다 스포츠 지도자가 되기 위해서는 올바른 인성을 제대로 가르칠 수 있는 자질이 가장 중요하다고 했다. 그저 돈을 벌겠다는 목표가 아니라 사회에 필요한 사람이 되겠다는 인식을 어려서부터 심어 줘야 한다는 것이다.

현정화 감독이 구상하는 탁구 아카데미는 어려서부터 탁구를 즐기면서 탁구의 진수를 맛볼 수 있는 동시에 제 나이에 필요한 공부도 제대로 할 수 있는 곳이다. 그 안에 모인 여러 아이들 중에서 한국 탁구계의 새로운 스타를 찾을 수 있기를 바라고 있다.

로스앤젤레스에서 월요일부터 금요일까지 랭귀지 스쿨을 다니며 자녀를 돌보면서도 현정화의 탁구 사랑은 전혀 식지 않고 있다. 그녀는 왜 이리 숙제도 많고 테스트가 많은지 모르겠다고 불평하면서도 공부를 상대로 묘한 승부욕을 느끼고 있었다.

> **TIP**
>
> **현정화가 말하는 프로의 조건**
> - 실력은 투자한 시간만큼, 땀 흘리고 연습한 만큼 나온다
> - 승부의 키워드는 두뇌와 정신력이라는 사실을 기억하라
> - 주고받는 공 하나하나에 정성을 들이라
> - 승리의 기쁨, 패배의 아픔은 빨리 잊고 새로운 나로 돌아오라
> - 좋은 경기, 최선을 다하는 선수가 되기 위해 노력하라

또 하나의 선수

스포츠 멘털 트레이닝의 권위자
조수경

수영의 박태환, 체조의 양학선, 리듬 체조의 손연재 등 2012년 런던 올림픽을 빛낸 국보급 스타들의 정신력과 심리 조절을 맡아 이들이 정상급 기량을 펼치는 데 큰 도움이 됐다.

자신의 이름을 딴 조수경 스포츠 심리 연구소를 운영하고 있으며 골프와 테니스, 사격, 배드민턴 등 다양한 종목에 걸쳐 선수들의 심리 상담을 하고 있는 국내 스포츠 멘털 트레이닝의 권위자다. 이화여대에서 체육학을 전공하던 중 스포츠 심리학에 매료돼 미국 보스턴 대학에서 스포츠 심리 상담으로 석사 학위를 받았고, 현지에서 보스턴 레드삭스와 보스턴 셀틱스의 멘털 트레이닝 과정에 인턴십으로 참가했다. 이화여대에서 박사 학위를 받았으며, 서울시립대학교 겸임 교수로도 활동하고 있다.

2012년 런던 올림픽 체조 경기에서 '도마의 신'이라고 불리는 스무 살 양학신은 어떤 생각을 하면서 도마를 향해 달려갔을까. 스타트에서 도마에 손이 닿는 순간까지 2초, 그리고 공중에서 회전 연기를 보인 뒤 착지할 때까지 2초 남짓, 모두 4초밖에 걸리지 않는, 찰나나 다름없는 시간이다. 이 순간을 위해 그는 4년, 아니 그 이상의 시간을 피땀 흘리며 준비했다.

실패에 대한 두려움은 없었을까? 대회 전부터 유력한 우승 후보였고, 양학선이라는 자신의 이름을 딴 세계 최고 난도의 기술까지 보유한 도마의 천재이지만 세상은 원래 불확실한 법이다. 그의 광주체육고등학교 선배인 여홍철도 1996년 애틀랜타 올림픽에서 착지 실수로 다 잡았던 금메달을 놓치고 은메달에 머무른 아쉬움이 있었다. 하지만 1차 시기에서 약간의 착지 실수에도 불구하고 1위를 했던 양학선은 2차 시

▶ 선수들의 심리가 강화되면 흔들림 없이 경기를 운영할 수 있게 된다. 스포츠 멘털 트레이닝으로 경기력 향상에 도움을 주고 있는 조수경 박사.

기에서는 경쟁을 벌였던 선수와 그 코치들까지 엄지손가락을 치켜세울 정도로 완벽한 회전과 착지로 런던 올림픽 도마 금메달을 거머쥐면서 세계 체조 역사를 새로 썼다.

우리는 경기장에서 그가 움직이는 모습만 볼 수 있을 뿐이다. 하지만 그의 내면에는 또 다른 세계가 펼쳐진다. 양학선은 경기장에 들어서면 자신만의 의식을 치른다. 스타트 지점에 서서 손을 털고 앞을 바라본다. 그 후 잠깐 뒤로 돌아선다. 그리고 하나, 둘, 셋. 다시 뒤로 돌아 정면을 응시한다. 뒤로 돌아서며 양학선은 마음속으로 말을 한다. '얘들아 잘 봐라! 멋지게 날아 주마!'라고. 그리고 아무런 의심도 없이 그동안 훈련해 온 것처럼 도마를 향해 달려간다.

양학선의 이 같은 행동 패턴은 수년간 훈련 과정에서 형성된 그만의 장점이 실전에서도 오차 없이 발휘되도록 치밀하게 정리해서 훈련한 것이다. 공간을 캔버스 삼아 몸으로 그리는 아름다운 선처럼 그의 마음가짐도, 주문처럼 되뇌는 말도 모두 스포츠 멘털 트레이닝을 통해 다듬고 또 다듬어서 나온 군더더기 없는 작품이다.

　가장 결정적인 순간, 두려움 없이 자신의 모든 것을 뿜어낼 수 있도록 일정한 행동 습관^{루틴, routine}과 내면의 생각을 체계적으로 트레이닝하는 것이 바로 스포츠 멘털 트레이닝의 세계다.

　자신의 이름을 딴 조수경 스포츠 심리 연구소를 열어 국내 스포츠 스타들의 정신력과 심리 조절에 도움을 주고 있는 조수경 박사는 아시안 게임과 올림픽 등 세계적인 스포츠 축제가 열릴 때마다 스타들의 입에서 자주 등장하는 스포츠 멘털 트레이닝의 권위자다.

스포츠 과학,
심리 기술 훈련

　　　　　　　　　　　이화여대 체육학과와 동 대학원을 졸업한 조 박사는 미국 보스턴 대에서 스포츠 심리학 석사 과정을 밟고, 이화여대에서 박사 학위를 받았다. 조 박사는 보스턴 대에서 인턴십을 하는 동안 보스턴 대의 저명한 스포츠 심리학자들이 보스턴 셀틱스^{NBA}와 보스턴 레드삭스^{MLB} 선수들의 심리 상담을 하는 걸 옆에서 도우며 그 세계에 매료됐다고 한다.

　국내에서 아직 심리 기술 훈련^{sports mental training}은 생소한 단어다. '심리가 기술적으로 훈련이 되느냐?'고 궁금해하는 이들도 적지 않다. 국내에서 스포츠는 아직도 신체 훈련에 주로 의지하는 단계다. 한국은 올림픽에서 세계 10위 안에 드는 스포츠 강국이지만 미국과 일본, 유럽에서 경기력 향상에 필수적이라고 당연히 여겨지는 스포츠 멘털 코치 활용이 정착되어 있지 않다. 선수에게 심리 기술 훈련을 시키는 '코치'이면서도 신체 훈련을 담당하는 기술 코치나 체력 코치처럼 코칭스태프의 일원으로 인정받지 못할 정도로 인식이 떨어진다. 미국보다는 100년, 일본보다도 50년은 이 분야에서 뒤떨어져 있다는 게 전문가들의 평가다. 스포츠 심리학은 과학이고, 이를 바탕으로 심리 기술 훈련을 시키는 스포츠 멘털 트레이닝은 고도의 스포츠 과학이다. 멘털 코치는 이를 통하여 스포츠의 단계를 끌어올리는 스포츠 과학자요 스포츠 지도자다.

조수경 박사는 런던 올림픽을 준비하고 대회를 치르는 기간 동안 박태환_{수영}, 양학선_{체조}, 손연재_{리듬 체조} 등 가장 관심이 높았던 스타 선수들의 멘털 코치를 맡았다. 이들과 일주일에 한 차례는 반드시 면담하고 심리 변화의 데이터를 추출했다. 해외 전지훈련이 많은 선수들과 영상으로 상담할 때도 많았다.

선수들의 경기는 숙소를 출발할 때부터 시작된다. 경기장으로 가는 버스를 탈 때부터 '루틴'이 시작되는 것이다. 버스를 타면 귀에 이어폰을 꽂고 눈을 감고 머릿속으로 경기를 할 수도 있다. 10분 정도면 두 차례쯤 할 수 있다. 실제 경기를 하는 것처럼 느끼기 때문에 손에 땀이 날 정도로 '리얼'하다. 경기장 도착 후에도 철저하게 짜인 순서대로 동작을 이어 간다.

 스트레칭을 시작으로 항상 해 오던 순서에 따라 움직인다. 그렇게 하지 않으면 잡념이 생기기 마련이다. 컨디션이 너무 좋으면 지나친 자신감을 갖게 되고, 안 좋으면 심리적으로 가라앉아서 할 것은 안 하고 안 할 것을 하게 된다. 근육이 기억하는 대로 행동하도록 루틴을 지켜야 한다. 런던 올림픽에서 대한민국 리듬 체조 역사를 새롭게 장식한 손연재 선수의 루틴도 멘털 코치와 선수가 '그동안 어떤 행동으로 경기에 나섰을 때 가장 자신감을 갖고 좋은 성적을 올렸느냐'를 찾아내는 치밀한 과정에서 나온 것이었다.

 이처럼 심리 기술 훈련은 극도로 부담을 느끼는 경기 상황에서 선수가 최고의 경기력을 발휘하는 데 필요한 심리 기술을 훈련하는 과정을 말한다. 신체 기술 훈련이니 체력 훈련 같이 심리 기술 훈련도 몇 번의 상담으로 이루어지는 것이 아니다. 지속적인 상담·관찰·탐구 등을 통해 추출되는 데이터를 기초로 점진적으로 향상되는 장기간의 훈련이 필요하다. 이를 위해 심상, 이완, 목표 설정, 스트레스 관리, 인지 재구성 등의 대표적인 방법이 동원된다.

마음도 과학의 영역,
연구와 훈련이 필요하다

조수경 박사는 독특한 어린 시절을 보냈다. 초등학교 때부터 테니스, 수영, 승마, 스키, 골프를 그 분야의 뛰어난 코치로부터 체계적으로 배울 정도로 스포츠와 밀접한 환경에서 자랐다. 고등학교 1학년 때는 양궁 선수가 되고 싶다는 꿈을 가지기도 했다. 그만큼 스포츠를 좋아했다.

학창 시절 운동부 활동을 했던 부모님은 매일 새벽 5시 30분이면 세 딸조 박사는 그중 둘째이 테니스나 수영을 하기 위해 바로 출발할 수 있도록 준비해서 문 앞에 서 있도록 하는 것을 원칙으로 삼았다. 이런 영향 덕분인지 지금도 그녀는 스포츠 경기장의 열띤 분위기와 그곳에서 느껴지는 독특한 기운을 좋아하고, 운동선수들에게 더욱 친밀감을 느낀다.

조 박사의 부친은 1986년 서울 아시안 게임과 1988년 서울 올림픽의 마스터플랜을 수립하는 등 실무 책임자로 중책을 맡았던 조영승 박사다. 서울대 법대 출신으로 '국민체육진흥법' 개정과 '청소년기본법'을 만드는 등 한국 스포츠의 선진화와 청소년 육성에 큰 역할을 한 분이다.

조 박사는 올림픽이 열린 1988년 이화여대 체육학과에 입학했다. 앞으로 한국이 선진화될수록 사회에서 스포츠가 차지하는 비중이 커질 가능성이 높은 만큼 이 분야의 리더로 성장해 보라는 아버지의 조언에 영향을 받았다. 서울 올림픽의 한 스포츠 포럼에서 통역 자원봉사로 만났던 참석자를 보스턴 대학에서 지도 교수로 만나기도 했다.

조 박사는 대학교 3학년 학과 전공 수업이었던 스포츠 심리학 첫 시간부터 그 매력에 흠뻑 빠졌다. 교수님이 참고 문헌이라고 소개해 주는 원서들은 국내에서 수단과 방법을 가리지 않고 구했고, 그래도 안 되면 외국에 있는 친구에게라도 연락해서 손에 쥐었다. 그렇게 얻은 귀한 책들이 밝혀 주는 새로운 세계로 탐험하는 것이 당시 그녀가 가진 가장 큰 즐거움이었다.

조 박사가 다니던 보스턴 대학 심리학 과정에는 크게 두 가지 유형의 인턴 과정이 있다. 하나는 보스턴 대학의 심리학자들과 전문 인력이 보스턴 셀틱스와 보스턴 레드삭스 구단의 스포츠 멘털 트레이닝을 하는 과정에 참여하는 것이다. 또 하나는 보스턴 대학이 지니고 있는 광대한 체육 시설에서 지역 청소년들이 다양한 프로그램을 통해 '경쟁관'을 깨닫도록 하는 것이다. 여름 방학 때면 열리는 이 캠프는 1만 명을 받아들일 수 있는 규모인데도 늘 치열한 접수 경쟁이 벌어진다고 한다. 경쟁관은 인간이 사회생활을 하는 도중 발생하는 다양한 경쟁 상황에서 공정함을 잃지 않으면서도 자신의 가치를 정확하게 발현할 수 있도록 하는 가치관을 의미한다.

경쟁이 핵심인 스포츠에선 언제나 승자와 패자가 갈린다. 자꾸 진다고 실망하는 것은 옳은 태도가 아니다. 스포츠, 혹은 인생 자체가 원래 비합리적이고 도박적인 요소가 담겨 있다. 하지만 경쟁 상황에서 어떤 선택에 대한 책임은 자신의 몫이다. 그렇기 때문에 노력이 가장 중요한 것이라는 결론이 나온다. 조 박사가 스포츠 멘털 트레이닝 중에 반복되는 실패로 인한 좌절감에 사로잡힌 선수들에게 자주 설명해 주는 경쟁관 가운데 하나다. 스포츠의 경쟁관은 심리·도덕·경기력 등을 포괄하는 개념으로 스포츠뿐만 아니라 사회적으로도 한 개인의 삶에 소중한 길잡이가 될 수 있다.

보스턴에서 발견한 멘털 트레이닝의 세계

미국에서도 손꼽히는 명문 구단을 대상으로 한 스포츠 멘털 트레이닝 과정을 함께하면서 조 박사는 스포츠 멘털 코치를 평생의 직업으로 삼겠다는 결심을 했다. 스포츠 멘털 트레이닝 과정은 그만큼 흥미진진했다. 프로 구단과 감독은 멘털 코치를 전문인으로 대접했고 그에 걸맞은 보수로 대우했다.

국내 지도자들이 '선수들의 심리 상태는 타고 나는 것'으로 생각하거나 '심리를 어떻게 훈련 대상으로 삼을 수 있다고 생각하느냐', '내가 지도하는 선수의 심리 상태는 내가 가장 잘 안다'고 생각하는 것과는 큰 차이가 있다.

이제 우리나라에서도 스포츠 지도에 있어서 신체 기술 훈련 · 체력 훈련·심리 훈련 등의 전문화와 아울러 상호 협력이 매우 중요함을 인식할 단계에 와 있다. 조 박사는 신체 기술면에서는 런던 올림픽 금메달 후보이면서 심리적 부적응으로 이를 놓칠 수도 있었던 선수들이, 관계자들이 머리를 맞대고 정보를 공유해 결국 금메달을 따낸 사례를 평생을 두고 기억할 만한 값진 일이었다고 생각한다.

지역 청소년들을 대상으로 하는 보스턴 대 캠프의 인턴십에서는 대학생들이 10여 명 안팎의 소그룹을 이끈다. 대학원생이 이들의 감독관으로 활동하고, 다시 대학교수들이 대학원생의 감독관으로 활동하는 시스템이다. 대학생들이 다양한 체육 프로그램을 응용해서 청소년들에게 올바른 경쟁관을 심어 주는 게 캠프의 핵심이다. 하루 일과가 끝나면 대학생과 대학원생, 교수들이 모여 서로의 의견을 주고받는 열띤 토론회가 열렸다. 그 내용과 수준이 수많은 심리학이나 사회학, 체육학 저서를 읽는 것 이상으로 가치가 있었다고 조 박사는 기억했다. 왜 그걸 녹음할 생각을 하지 못했을까 지금도 후회하고 있을 만큼 유익한 체험이었다. 이때의 경험이 사춘기 과정에서 다양한 경험을 하지 못하고 엘리트 스포츠 선수로 키워진 많은 선수들을 어루만지는 치유의 능력을 갖추는 데 도움이 됐을 것이다.

'마린보이' 박태환과
만나다

2009년 스포츠 심리 연구소를 연 뒤부터는 하루 일과가 몹시 빡빡해졌다. 매주 월요일부터 금요일, 아침 9시에서 저녁 8시까지 연구소를 방문하는 선수들의 심리 상담 스케줄이 꽉 차 있다. 상담 효과를 위해 선수 한 명당 최소한 일주일에 한 번 규칙적으로 만나고 있으며 상담의 일정한 수준을 유지하기 위해서 철저하게 상담 인원을 제한하고 있다.

조 박사는 2008년 베이징 올림픽 금메달리스트 '마린보이' 박태환과의 인연을 통해 스스로도 많은 걸 배울 수 있었다고 생각한다. 2009년 가을이었다. 박태환이 그해 8월 로마 세계 선수권 대회에서 전 종목 예선 탈락이라는 예상 밖의 결과가 나오자 SK텔레콤 전담 팀과 대한수영연맹은 '박태환 특별 강화위원회'를 꾸렸다. 조 박사는 심리 상담 전문가로 여기에 합류했다.

조 박사는 일주일에 한 차례씩 상담을 하고 과학적 툴에 따라 심리 데이터를 추출하여 이를 기초로 지도했다. 처음엔 진도가 나가지 않았다. 2008년 베이징 올림픽의 영웅에서 하루아침에 '게으른 천재'란 비아냥거림을 듣게 되자 박태환은 "국제 대회에서 성적이 한번 나쁘게 나왔다고 사람을 이상하게 대한다"며 마음의 문을 닫고 있었기 때문이다. 각종 심리 데이터와 상담 결과를 수치화하는 작업 초기 단계에서 박태환은 훈련과 시합에 임하는 '자존감'이 낮은 것으로 나타났다. 하지만 상담이 진행될수록 각종 수치는 꾸준히 상승 곡선을 그렸다. 선수가 마음을 열고 자발적인 태도로 상담을 받았기 때문이다. 당시 가장 강조한 것은 합리적인 목표 설정과 경기에 임하는 마음가짐이었다.

박태환은 금메달이 아닌 자신의 능력을 100퍼센트 발휘하는 것을 목표로 삼았다. 이를 전문 용어로는 결과 목표_{금메달}가 아닌 수행 목표_{기록 향상}에 중점을 둔다고 한다. 금메달이라는 목표를 결과에 두면 불안과 공포에 떨게 되는 생리적 현상이 생기지만, 목표를 기록 향상이라는 과정의 단계로 삼으면 '한번 해 보자'는 욕구가 저절로 우러나온다는 설명이다.

광서우 아시안 게임에서 자신의 기량을 되찾고 2012년 런던 올림픽에서는 실격 소동을 거치면서도 성숙한 모습으로 최선을 다했던 '마린보이'를 지켜보며 조 박사는 자신의 일에 더욱 애착을 갖게 됐다.

선수에게 '행복'을 찾아 주는 사람, 스포츠 멘털 코치

스포츠 멘털 코치가 되고 싶다면 어떤 자질을 갖추고 어떤 과정을 밟아야 할까. 조 박사는 그 무엇보다도 스포츠를 좋아하는 게 우선이라고 했다. 스포츠 경기장에서 경기를 지켜보는 것을 좋아하고, 처음 보는 스포츠 선수라도 애정을 느끼고 그 선수의 입장에서 사물을 보려는 자연스러운 마음가짐이 생기지 않는다면 그 선수가 느끼는 아픔과 고민, 슬럼프의 진정한 해결 방법을 향해 한 걸음도 나갈 수 없기 때문이다.

그리고 스포츠 심리의 세계에 도전해 보겠다는 꿈을 가져야 한다. 결국 스포츠 심리학도 인간에 대한 이해이기 때문에 철학과 심리학, 문학 등 폭넓은 인문학적 소양을 쌓는 게 중요하다. 청소년들이라면 『소피의 세계』 같은 책을 통해 철학적인 흐름을 한번 살펴보는 것도 좋다. 조수경 박사는 최재천 이화여대 석좌 교수가 쓴 책들도 좋아하는데 그중 『인간과 동물』 같은 책들은 읽어 보기를 권했다.

조 박사는 선수와 진심으로 대화하기 위해서 상담 심리학에서 배운 원칙을 적용한다. 예를 들어 눈의 초점은 내담자의 눈에 있어야 한다. 말이 끝나기 전에는 질문을 하지 말고, 뭔가 해결해 주려고 하지 말고, 계속 혼자 이끌어 갈 수 있는 방향을 제시해야 한다. 이렇게 이론적으로 알게 된 지식을 그녀는 보스턴 대학에서 인턴십 과정을 통해 체득할 수 있었다. 보스턴 셀틱스와 보스턴 레드삭스의 인턴십 과정에서 가장 많이 들은 단어는 '행복한happy'이었다.

보스턴의 소속 선수들은 내가 이렇게 하면, 혹은 저렇게 하면 결국 내게 행복한 방향이 될 수 있을지 항상 질문을 던졌다. 멘털 코치도 선수들이 '어떤 일을 겪으면서 어떤 생각을 하고, 어떤 과정을 거쳐야 행복해질 수 있을까?'라는 관점에서 대화를 나눴다. 그 바탕에는 아무리 팀 스포츠라 하더라도 결국 자신이 행복하지 않으면 팀도 행복한 결과가 나올 수 없다는 철학이 깔려 있다. 이 같은 경험에서 조 박사는 한국 선수들과 상담을 할 때도 '이 선수가 어떻게 하면 행복한 삶을 살 수 있을까'를 놓고 선수와 가족과 함께 이야기하고 고민을 나눴다.

한국의 엘리트 스포츠 선수들은 운동을 하면서 얼마나 행복감을 느끼고 있을까. 많은 청소년 선수들이 성적과 결과에 대한 중압감에 시달리고, 자신의 삶과 행복이 아닌 아버지, 어머니의 바람을 이뤄 주기 위해서, 감독과 팀을 위해서, 혹은 나라를 위해서 자신을 희생한다는 생각으로 겨우 버티고 있지는 않은 걸까. 한국에서는 미국이나 유럽과 달리 선수의 생활과 운동에 부모가 깊게 관여하는 경우가 많다. 어렸을 때는 그렇다 치더라도 이제는 독립적인 가치관에 바탕을 두고 자신의 삶을 본격적으로 꾸려 나가야 할 20대가 되어서도 비슷한 상황이 이어지는 경우가 적지 않다.

한국에서는 '자기 행복'이라는 단어를 쓰는 선수가 거의 없다. 그러면 정신적으로 독립하기란 굉장히 어렵다. 몸은 독립하고 싶고, 사춘기를 지나서 뭔가 부모와 떨어져서 자기만의 세계를 가지고 싶지만 자기만의 세계가 어떤 세계여야 하는지를 모르기 때문에 혹시 독립적인 생활을 할 수 있는 기회가 오더라도 어쩔 줄 모르는 경우도 많다. 가까스로 부모의 품을 벗어나 독립을 하더라도 자신의 자유를 제대로 활용하지 못해 슬럼프에 빠지고, 부모는 '그래 너 그럴 줄 알았다'면서 다시 관여해서 스파르타식으로 몰아붙이는 경우가 적지 않다. 이런 식으로 가는 선수들은 대부분 일찌감치 선수 생활을 접는 불행한 경우도 많다.

선수는 운동 기계가 아니다

이 같은 점에서 멘털 코치는 멘털 트레이닝뿐만 아니라 멘토의 역할을 수행하는 심리 전문가라고 할 수 있다. 선수가 훈련이나 경기에서 심리적인 안정을 유지해 최고의 경기력을 발휘하게 해 주는 멘털 트레이닝은 물론, 선수 이전에 인간으로서 가지는 문제를 공유하고 이들의 인간적인 성장을 돕는 멘토링을 한다. 멘털 코치는 선수들의 심리를 최대한 편하고 긍정적인 상태로 끌어올리는 데 주력한다. 선수에게 심리적인 문제가 발생하면 단순하게 위로하거나 마음을 편하게 해 주는 데 그치지 않는다. 개개인의 성향을 정확하게 파악해 스트레스에서 벗어나 최고 기술을 발휘할 수 있도록 조력하는 역할이다.

선수들은 누구도 운동하는 기계처럼 여겨지는 것을 좋아하지 않는다. 대부분은 그런 생각에 매우 부정적이다. 그래서 자신의 동작 하나하나를 어떤 생각으로 해야 하는지 이해시키고, 자기 것으로 만들어 최대한 집중할 수 있도록 도와야 한다. 조수경 박사는 "선수가 피나는 노력을 하고 고통스러운 훈련을 견디는 건 결국 자기가 하는 운동을 즐기고 행복한 선수가 되기 위한 거죠. 선수 스스로 '나는 행복한 사람'이라는 느낌을 갖도록 돕는 게 가장 중요해요"라고 말한다.

조 박사는 두 가지 원칙을 갖고 있다. 한 달에 한 번씩은 반드시 도서관에 가서 관련 전문 서적과 저널 들을 읽으면서 재충전의 시간을 갖는 것이다. 세계의 스포츠 심리학에 대한 최신 지식을 흡수하는 시간이다. 그리고 또 한 달에 한 번씩 배낭을 메고 대형 서점으로 가 마음에 와 닿는 책을 사고 읽으면서 하루를 보낸다. 멘털 코치 스스로 지적이고, 육체적으로 건강하며 새로운 호기심을 가지고 있지 않은 채로 선수들의 마음을 이해하고 새로운 지평을 열어 줄 수는 없다고 생각하기 때문이다.

한국의 체조 요정
손연재

1994년 서울에서 태어나 다섯 살 때부터 어머니의 권유로 리듬 체조를 배웠다. 초등학교 때부터 국내 대회를 휩쓸었고, 2010년 광저우 아시안 게임에서 한국 선수로는 처음으로 리듬 체조 동메달을 차지하면서 두각을 나타냈다. 러시아 전지훈련으로 실력을 쌓아 2012년 런던 올림픽에서 러시아, 동유럽 선수들과 겨뤄 결선에 진출했고 한국 선수 역대 최고 성적인 5위에 올랐다. 3위 선수와의 점수 차이는 0.225점에 불과했다. 국제체조연맹은 손연재에 대해 '갈수록 기대되는 선수'라는 평가를 하고 있다.

아름다운 연기와 귀여운 외모로 국민 요정이나 다름없는 인기를 누리는 동시에 타고난 성실함과 혹독한 훈련을 견뎌 낸 열정도 높게 평가받고 있다. 세종고를 졸업하고 2013년 연세대학교 스포츠레저학과에 입학했다.

때론 감미롭고, 때론 흥겨운 선율과 더불어 인간의 몸이 만들어 내는 선과 율동이 곤봉, 리본, 후프, 줄 등 도구와 어우러져 아름다움을 표현하는 리듬 체조는 많은 올림픽 종목 중에서도 가장 우아한 종목으로 손꼽힌다. 예술적 가치가 높은 이 스포츠는 여성 경기만 올림픽 종목으로 채택되어 있다. 인간이 만들어 내는 아름다움이 대부분 그렇듯 리듬 체조의 아름다움도 그 바탕엔 뼈를 깎고 살을 저미는 고통스러운 훈련 과정과 노력이 있어야만 꽃을 피울 수 있다. 한국의 리듬 체조 요정 손연재는 2012년 런던 올림픽을 통해 대한민국에 리듬 체조의 아름다움과 함께 그 바탕에 깔린 눈물겨운 노력을 감동적으로 전했다.

리듬 체조의 불모지,
한국에서 온 체조 요정

리듬 체조는 그동안 동양인이 성공하기 어려운 종목으로 꼽혔다. 러시아·불가리아 등 동유럽 선수에 비해 팔다리가 짧고, 유연성이 떨어지는 신체 구조 때문에 동유럽 선수들만큼 맵시 있는 동작을 구현해 내기 어렵다는 의견이 지배적이었다. 올림픽 리듬 체조에서 한국 선수가 거둔 최고 성적은 2008년 베이징 올림픽에서 신수지가 기록한 12위였다.

손연재는 2012년 런던 올림픽에서 불가능에 가까운 일에 도전했고, 역대 최고인 5위라는 성적을 일궈 냈다. 3위 리우부 차르카시나^{벨라루스}와의 점수 차는 '0.225'로 곤봉 종목에서 실수만 하지 않았다면 동메달을 목에 걸 수도 있었다.

손연재의 아름다운 분투 밑바닥에 1년 6개월간의 외롭고 혹독한 러시아 전지훈련이 있었다는 사실이 알려지면서 사람들은 더 이상 손연재를 텔레비전 광고에 자주 등장하는 귀여운 국민 여동생이 아닌 스포츠 선수로 대접하기 시작했다.

런던 올림픽 당시 경기가 치러진 런던 웸블리 아레나를 가득 채운 관중은 동양에서 온 요정의 연기에 눈을 떼지 못했다. 동양적인 아름다움이 배어 있는 싱그러운 미소와 아름다운 자태는 보는 이들을 사로잡았고, 이런 손연재를 외국 심판들은 '아름다운 선수'라는 별칭으로 불렀다. 리듬 체조 결선이 끝나고 통신사 AP는 홈페이지 메인 화면에 리듬 체조 사상 첫 올림픽 2연패를 달성한 예브게니아 카나에바^{러시아} 대신 5위를 차지한 손연재의 모습을 올렸다. 국제체조연맹^{FIG} 홈페이지도 마찬가지였다. 리듬 체조의 불모지 한국에서 온 선수가 믿기지 않는 세계 정상급 연기를 펼쳤기 때문이었다.

한국의 열기는 '손연재 신드롬'이라고 할 만큼 뜨거웠다. 올림픽이 열리기 전만 해도 리듬 체조 종목에 대해서도 잘 몰랐던 수많은 국내 팬들이 저녁 시간에 텔레비전 앞에 모여 앉았다.

손연재가 출전한 런던 올림픽 리듬 체조 개인 종합 결선 경기의 시청률은 무려 40퍼센트대를 기록했다. 한 시청률 조사 기관에 따르면 개인 종합 결선이 열리던 밤 11시 1~5분 KBS 2^{29.0퍼센트}와 MBC^{14.3퍼센트}의 중계방송 합산 시청률이 43.3퍼센트까지 치솟았다. 런던 올림픽 시청률 가운데 최고 수준이었다. 손연재를 통해 리듬 체조 개인 종합이 후프·볼·곤봉·리본의 네 개 종목으로 이뤄져 있다는 걸 처음 알게 된 사람도 많았다.

사람들이 더욱 감동한 것은 예선 경기 곤봉 연기 도중 손연재의 오른발 슈즈가 벗겨졌을 때였다. 깜찍한 요정의 모습을 하고 있던 손연재의 발은 군데군데 피멍이 들어 있고, 발가락은 울퉁불퉁했다. '스포츠 선수 손연재'의 진짜 모습을 처음 확인한 사람들은 SNS와 인터넷 게시판 등에 '가슴이 뭉클했네요', '남몰래 땀 흘려 온 당신이 챔피언' 등의 글을 올리기도 했다. 아름다우면서도 완성도 높은 연기를 본 네

티즌들은 '그동안 얼굴만 예쁘지 실력은 없다고 비난해서 미안하다'는 '반성문'을 올리기도 했다.

올림픽 무대를 밟은 것 자체가 네 번째에 불과할 정도로 리듬 체조 환경이 척박한 한국에서 러시아와 동유럽의 텃세를 이겨 내고 꿋꿋이 새길을 개척하는 모습에 팬들은 박수를 보냈다.

당시 손연재는 "이제야 사람들이 저를 리듬 체조 선수로 봐 주는 것 같아 다행이에요. 한때 인터넷에 달린 악플 때문에 속상해서 이번 올림픽을 끝으로 리듬 체조를 그만둘 생각까지도 했어요. 저는 그냥 학생이고 선수인 건데……. 이제야 제가 보여 드리고 싶은 것을 봐 주시는 것 같아 좋아요"라며 그동안 자신을 짓누르던 짐을 벗은 듯이 기뻐했다.

손연재는 올림픽이 끝나고 한국에 돌아와서도 하루도 쉬기 어려울 정도로 큰 인기를 누렸다. 자신의 이름을 내걸고 다리아 드미트리예바_{러시아}, 알리나 막시멘코_{우크라이나} 등 세계 정상급 선수들을 한국으로 불러들여 리듬 체조 갈라 쇼를 열었다. 방송 프로그램과 광고 출연은 물론 각종 행사에 등장하기도 했다. '손연재 가방', '손연재 귀고리', '손연재 점퍼'가 품절 리스트에 올랐다. 트위터에 '무슨 드라마가 재미있더라'고 올리면 즉시 그 드라마 제목이 인기 검색어 1위가 됐다.

김홍종 서울대 사회학과 교수는 이런 현상을 다음과 같이 분석하기도 했다.

"단순히 노래하고 춤추는 아이돌에서 나이가 어리면서도 어느 정도

손연재

의 전문성과 매력을 가진 다른 영역의 인물들로 한국의 아이돌 문화가 확대되고 있다. 손연재는 또 다른 스포츠 전문 영역을 지닌 독보적인 지위의 아이콘으로 성장하고 있다."

신입 사원으로 뽑고 싶은 스타 1위

손연재가 큰 인기와 관심을 받는 이유는 깜찍한 외모 때문만은 아니다. 러시아에서 1년 넘게 혼자 전지훈련을 이어 가며 고된 훈련과 체중 감량을 독하게 버텨 낸 이야기가 알려지면서 손연재는 미모뿐 아니라 열정과 성실, 근성의 아이콘이 됐다.

한 취업 포털에서 인사 담당자를 대상으로 한 '신입 사원으로 뽑고 싶은 스타' 설문 조사에서 1위로 선정됐고 대통령의 라디오 연설에도 등장했다.

손연재의 어린 시절을 기억하는 사람들은 그녀를 무슨 일을 하든 앞으로 더 잘해 보겠다는 향상심向上心이 두드러졌던 아이로 기억하고 있다.

손연재는 다섯 살 때 처음 리듬 체조를 배웠다. 어머니는 목소리 크고 뛰어놀기 좋아하는 딸에게 마음껏 운동할 기회를 주려고 집 근처 세종대학교 어린이 리듬 체조 학교에 보냈다. 리듬 체조를 좋아하는 딸을 위해 직접 경기복을 손보면서 뒷바라지를 했다.

귀여운 외모의 손연재가 대회에 나갈 때마다 사람들이 몰려들어 구경했다. 초등학교 때부터 국내 대회를 휩쓸면서 6학년 때 최연소 국가대표 상비군으로 뽑혔다. 손연재를 가르친 김유경 씨는 "보통 아이들은 혼을 내면 땅을 쳐다보는데 연재는 '한마디도 놓치지 않겠다'며 내 눈을 똑바로 쳐다봤다"고 손연재를 기억했다.

2011년 5월 우즈베키스탄에서 열린 타슈켄트 리듬 체조 월드컵 리본 결선. 경기 시작 직후 리본이 끊어지자 손연재는 다른 선수의 리본을 빌려서 연기를 끝까지 마쳤다. 자신의 대체 리본으로 연기해도 큰 감점을 당하고 다른 선수의 리본으로 연기하면 실격 처리되기 때문에 이런 경우 경기를 일찌감치 포기한 채 심판과 관중에게 인사만 하고 내려오는 일이 많다. 하지만 손연재는 러시아 노보고르스크 센터에서 함께 훈련하는 알리야 가라예바(아제르바이잔)의 리본을 넘겨받아 1분 30초간의 연기를 다 마쳤다. 뭐든지 끝까지 해내고야 마는 특유의 근성 탓이기도 했지만 세계 상위 랭킹에 이름을 올리는 선수로서 팬들에 대한 책임감을 느꼈기 때문이다.

손연재는 어려서부터 무엇이든 항상 즐겁게 하자고 생각했다. 억지로 하다 보면 하지 않는 것보다 오히려 못할 때가 있는 것 같아서 즐겁게 리듬 체조를 하려고 한다. 그렇다 보면 예전보다 성적도 좋게 나온다. 물론 생각처럼 잘 안 될 때도 있다. 초등학교 때 하루는 리듬 체조가 갑자기 하기 싫어서 엄마한테 그만둔다고 말한 적이 있다. 어머니가 그만두고 싶으면 그만두라고 해서 일주일 정도 안 갔는데, 어느 날

발걸음이 저절로 리듬 체조 훈련장으로 가더라는 것이다. 결국 마음 속으로는 리듬 체조를 원해서 자연스럽게 발걸음이 옮겨진 것 같다는 생각이 들어서 계속했다는 이야기다.

2009년 슬로베니아 챌린지 주니어 대회에서 3관왕에 오르며 국제 무대에 이름을 알린 손연재는 2010년 광저우 아시안 게임에서 동메달을 따내며 가능성을 입증했다. 그리고 이듬해 2011년 초 러시아 대표팀 훈련 장소인 노보고르스크 센터에 혼자 짐을 풀었다. 3억 원에 달하는 전지훈련 비용을 해결하기 위해서 국내에 들어와 광고를 촬영하기도 했다.

고독과 싸우며
러시아에서 성장하다

한국에서는 '떠오르는 CF 스타'로 관심을 한 몸에 받았지만 러시아에서 손연재는 낯선 외국 선수에 불과했다. 연고가 전혀 없는 러시아, 수도 모스크바에서도 차로 한 시간가량을 더 달려야 하는 노보고르스크 센터에서 향수병에 시달렸다. 게다가 초반에는 러시아어에 서툴러 함께 훈련하는 동료들과 잘 어울리지도 못했다. 밥도 혼자 먹었고 혼자 방에서 울었던 날이 하루 이틀이 아니었다. 하지만 이내 마음을 다잡았다. 이를 악물고 하루 열 시간씩 혹독한 훈련을 견디면서 틈틈이 러시아어를 공부했다. 연습 때 신는 슈즈는 일주일에 한 개씩 닳아 버리고, 던지고 받고 잡고 돌리는 훈련을 하도 많이 해 망가져 쓸 수 없게 된 곤봉이 한 해에도 여러 개다.

손연재는 "2010년 말 처음 러시아에 가서 한두 달 있을 때 외롭고 힘들어서 눈물이 난 적도 있어요. 하지만 제가 울어 봤자 한국에 계시는 부모님과 저를 지원해 주시는 분들의 가슴만 아프게 하는 것 같았어요. 그래서 오히려 더 러시아에 적응하고 배우고 또 잘하는 선수들보다 월등하게 잘하려 노력했어요. 때때로 스트레스도 쌓여서 짜증이 나기도 하지만 지금은 러시아에 있는 것이 편한 것 같아요. 그러다 보니 러시아 코치와 관계자들에게 '너는 러시아 체질이구나'라는 소리도 들었고요."라고 말했다. 시간이 지나면서 이 길이 내 길이니 어쩔 수 없고 그럴 바엔 차라리 더 열심히 하자는 마음가짐이 손연재를 러시아 스타일로 바꿨다.

손연재에게 버팀목이 되어 주는 러시아의 옐레나 니표도바 코치는 "생각이 깊고 어른스럽다. 아무리 힘들어도 조용히 인내할 줄 알고 끝까지 참고 연습한다. 늘 부지런히 움직이고 러시아어, 영어, 일본어에 능통할 정도로 총명하다"고 칭찬을 아끼지 않는다. 손연재는 "코치님은 따뜻하면서도 엄격하고 꼼꼼하신 분이시고, 나를 무척 잘 아시기 때문에 내가 빠져나갈 구멍이 없다"고 했다. 니표도바 코치를 따라서 대회에 함께 가면 마음이 든든해 성적이 더 잘 나온다고 한다.

2012년 겨울 런던 올림픽의 영광을 뒤로 하고 러시아 전지훈련을 떠난 손연재의 일과표를 보면 리듬 체조 경기장에서 보는 손연재의 모습이 얼마나 혹독한 수련 과정을 거쳐 나오는 것인지를 짐작할 수 있다.

 손연재가 훈련하는 러시아 노보고르스크 전지훈련지는 태릉 선수촌처럼 여러 종목의 훈련장이 다 모여 있는 곳이다. 안전과 시설 면에서 최고 수준이다. 특히 리듬 체조 훈련장은 매트가 네 개나 되고 온도 조절 시스템, 훈련 영상 녹화 및 대형 스크린 등이 완비되어서 그때그때 문제점을 찾아 고칠 수 있다. 춥거나 장소가 비좁아 훈련을 못하는 경우는 전혀 없어서 리듬 체조 훈련에는 최적의 장소 중 하나로 꼽힌다. 이곳에는 손연재를 비롯해 러시아 선수들과 카자흐스탄, 아제르바이잔, 일본에서 온 선수 등 20여 명이 함께 훈련하는 중이다.

 보통 훈련 시간은 오전 6시 기상과 함께 조깅으로 시작한다. 8~10시 사이에 식사를 하고, 10시부터 오후 1시까지 오전 훈련 시간에는 발레 및 경기 프로그램을 하고, 오후 3~5시에 안무 및 경기 프로그램 등을 한다. 필요할 때는 오후 7~10시까지 야간 훈련을 하기도 한다. 체력적으로 버티기 힘들 정도의 강도로 훈련을 하고, 난도가 잘 안 나오는 날에는 점프나 피벗pivot, 회전 등 기술 연습을 몇 시간씩 집중적으로 하기 때문에 녹초가 될 정도다. 훈련 시간은 하루 최소 8~9시간에 달한다.

 2013년 시즌부터는 채점 규정이 대폭 바뀌기 때문에 이에 맞춰 새로운 프로그램과 안무를 짜야 했다. 2012년까지는 기술10점, 예술10점, 실시10점 점수를 더해 30점 만점으로 채점됐으나 2013년부터는 기술10점과 실시 10점를 합해 20점 만점으로 바뀐다. 이연숙 대한체조협회 리듬 체조 기술 위원장은 "손연재가 강점을 보여 온 예술 점수가 실시 점수에 통합되지만 기술 점수의 세부 평가 사항 등이 바뀌기 때문에 예술 요소의 비중이 줄어들지는 않는다. 기존 규정에 비해 유연성 평가 비중이 줄어들어 세계 최정상급 선수들보다 유연성이 부족한 손연재에게 유리해질 것으로 보인다"는 전망을 내놓았다.

한계를 넘어
더 높이 도약하라

손연재는 러시아의 훈련 시스템이 강하게 훈련할 때는 확실히 집중하고 쉴 때에는 확실히 풀어 주는 스타일이어서 시간 배분이 잘 된다고 평가했다. 이곳에서 한 달 정도 훈련을 하고 다른 곳에서 훈련하거나 대회를 뛰면 훨씬 가뿐한 느낌이 든다. 어린 나이에 이렇게 혹독한 훈련을 참고 견딘 비결은 무엇일까.

손연재는 "런던 올림픽 전까지 국내에 머문 시간이 8개월 중에 두 달도 안 됐어요. 올림픽 전까지 러시아와 국제 대회를 매달 나가면서 지내 왔으니까요. 하루하루 인간 손연재가 아닌 리듬 체조 선수 손연재로만 살아갔어요. 올림픽은 저의 목표이자 꿈이었으니 이 정도의 노력은 해야 한다고 생각했고요. 외롭고 힘든 시간이 있었어도 또 혼자

▶ 2012년 8월 9일 영국 런던 웸블리 아레나에서 열린 런던 올림픽 리듬 체조 예선에서 공 연기를 펼치는 손연재.

이겨 내다 보니 더 강해진 것 같고요. 이제 런던 올림픽이 끝났으니 2013년 세계 선수권을 향해 최선을 다할 거예요"라고 말했다. 손연재는 2012년 겨울 러시아 전지훈련지로 떠나면서도 러시아 대표 선수들과 다른 나라 선수들이 훈련을 자신보다 먼저 시작했기 때문에 그 선수들보다 몇 배는 더 해야 한다고 각오를 다졌다.

사실 본격적인 시즌인 2~10월 사이에는 일상은 사라지고, 오로지 대회 준비에 매진하게 된다. 매달 대회가 있다 보니 체중 조절과 강도 높은 훈련 등으로 지치기 일쑤다.

부상 위험도 만만치 않다. 리듬 체조는 신체 여러 부분을 그 한계까지 사용하는 종목이기 때문에 자주 쓰는 부위는 만성 통증에 시달리기 일쑤다. 예를 들어, 피벗을 하다 보면 발목을 많이 사용하는데 같은 부위의 힘을 계속 쓰니 발목에 무리가 오게 된다. 또 유연성이 중요한 종목이기 때문에 허리나 등쪽 근육이 많이 뭉치곤 한다.

으레 그러려니 하고 넘어가는 경우에는 큰 부상으로 연결되기도 한다. 손연재 역시 주기적으로 한국에서 물리 치료 및 재활 치료를 받고 있다.

무엇보다 힘든 건 체중 관리다. 리듬 체조 선수들의 체지방은 5퍼센트로 일반 여성20퍼센트의 4분의 1 수준이다. 점프와 회전 동작이 많아 몸이 무거우면 무릎과 발목에 무리가 가는 데다, 몸이 그려 내는 선으로 우아한 연기를 선보이려면 체중 조절은 필수다. 체중 관리는 모든 리듬 체조 선수들의 숙명이지만 러시아 · 불가리아 · 벨라루스 등 서양 선수들 사이에서 살아남아야 하는 손연재에게는 더욱 절박하다.

"서양 선수들은 팔다리가 길어서 저랑 몸무게가 똑같아도 더 날씬해 보여요. 저는 그 선수들보다 몸무게를 더 줄여야 해요."

손연재는 런던 올림픽을 앞두고는 세 끼 모두 요구르트, 과일, 수프로만 배를 채웠다. 고기라곤 가끔 먹는 닭 가슴살이 전부였다. 하루에 두 번씩 몸무게를 재고 조금이라도 체중이 늘면 아예 굶으면서 훈련을 소화한다. 키 166센티미터의 손연재는 현재 자신이 연기를 펼치는 데 최적 몸무게인 45킬로그램을 유지하고 있다. 러시아에서는 체중 조절을 100그램 단위로 할 때도 있을 만큼 살인적인 관리를 하고 있다.

손연재의 인기를 부러워만 하기보다는 우선 자신이 몸담고 있는 분야에서 이 같은 노력을 해 보는 것은 어떨까. 아마 자신의 한계를 넘어 새로운 성시로 도약할 수 있을 것이다.

더 넓은 세상을 바라보다

손연재가 꼽는 리듬 체조의 매력은 인간의 몸을 최대한 아름답게 표현하는 것, 즉 신체의 아름다움을 스포츠 예술로 승화시킬 수 있다는 점이다. 동시에 높은 난도를 통해서 스포츠로서 한계에 도전하는 모습도 보여 줄 수 있는 종목이다. 여러 스포츠 중에서도 인간의 몸을 통해 예술적인 아름다움을 표현하는 매력적인 운동이다.

　손연재가 가장 좋아하는 선수는 우크라이나의 안나 베소노바와 러시아의 예브게니아 카나에바다. 표현력의 여제라고 불리는 안나 베소노바는 사람이 저렇게 예쁜 동작을 만들어 낼 수 있구나 하는 감탄을 자아내고, 런던 올림픽 금메달리스트인 카나에바는 인간이 해낼 수 없다는 생각이 들 정도의 고난도 동작을 구사한다. 둘 다 은퇴했지만 손연재가 앞으로 정말 닮고 싶은 선수들이다.

　손연재는 연세대 스포츠레저학과 2013학번이 된다. 일곱 개 대학을 놓고 '행복한 고민'을 한 끝에 선택한 결정이다. 손연재는 "리듬 체조는 다른 종목에 비해 선수 생활을 오래 할 수 없어 대학을 선택할 때 은퇴 이후 진로를 고려해야 했어요. 세상에 무엇이 있는지, 무엇이 내게 잘 맞는 길인지 찾아보는 데 가장 적합한 학교를 골랐습니다"라고 말했다.

　선수 생활을 그만둔 후에는 리듬 체조와 관련된 일을 할 수도 있고 아닐 수도 있지만 기본적으로는 국제 무대에서 활동하고 싶다는 생각을 갖고 있다. 그래서 외국어는 내 미래에 필수라고 생각해 개인 지도를 받는다. 러시아어는 2010년 처음 갔을 때보다는 의사소통이 훨씬 수월한 수준이 됐다. 물론 체계적으로 더 배워야겠다는 계획을 갖고 있다. 손연재는 "러시아 현지에 있기 때문에 말을 하거나 듣는 것은 생각보다 빨리 배울 수 있었어요. 하지만 좀 더 많이 배우고 싶어요. 리듬 체조는 러시아, 우크라이나 등 동구권 국가들이 강하기 때문에 이들과 좋은 관계로 지내기 위해서는 필수적으로 배워야 할 것 같아요. 지금도 많이 부족하긴 하지만 시간 날 때마다 공부하려 노력 중입니다"라고 말했다.

손연재는 대학에 가면 남들처럼 학교에서 수업 듣고 소개팅도 하는 평범한 대학 생활을 해 보고 싶다는 희망을 갖고 있다.

지금처럼 노력을 계속한다면 2013년에는 세계 선수권 5위 이상, 2014년 인천 아시안 게임 금메달, 2016년 리우데자네이루 올림픽 메달권 진입도 가능한 목표라고 전망하는 전문가들이 많다. 엄청난 노력에 큰 무대 경험이 쌓이면서 점점 더 자신만의 색깔이 드러나는 성숙한 연기를 펼치고 있기 때문이다.

> **TIP**
>
> **손연재가 말하는 프로의 조건**
> - 어제보다 나은 오늘, 오늘보다 나은 내일이 되기 위해 노력하라
> - 끝까지 도전하라
> - 무엇이든 항상 즐겁게 하라
> - 인내는 큰 자산 중 하나다
> - 외국어 공부를 꾸준히 하라

05
코트 위의 사령탑, 컴퓨터 가드
이상민

1972년 서울에서 태어난 이상민은 홍대부고와 연세대학교를 졸업했다. 연세대학교를 다닐 때부터 뛰어난 기량과 앳된 외모로 '오빠 부대'를 몰고 다녔고, 프로 리그에서도 매년 올스타 인기투표 1위를 차지할 정도로 큰 인기를 누렸다. 현대 걸리버스·KCC 이지스·삼성 썬더스 등에서 프로 선수로 뛰면서 세 번의 우승을 맛봤고, 한 치의 오차도 없는 패스로 컴퓨터 가드라는 별명을 얻었다. 국가 대표 유니폼을 입고서는 2002년 부산 아시안 게임 결승에서 중국을 꺾고 금메달을 목에 걸기도 했다. 현재는 서울 삼성에서 코치를 맡아 후배들을 지도하고 있다.

이상민 삼성 농구단 코치는 프로 농구 최고의 인기 스타였다. 그는 프로 농구 올스타 팬 투표가 처음 시행된 2001~2002시즌부터 현역 선수로 뛴 마지막 2009~2010시즌까지 9년 연속 올스타 최다 득표를 기록했다.

기량이 예전 같지 않던 현역 후반기에도 계속 최다 득표를 기록하자 이상민은 "제발 다른 젊은 선수를 뽑았으면 좋겠다. 더 이상 수상 소감을 말할 게 없다"고 하소연하기도 했다. 현역에서 은퇴하고 미국에서 영어 공부와 지도자 수업을 받던 2012년 1월에도 한국으로 잠시 귀국해야 했다. 프로 농구 연맹KBL이 15주년을 맞아 역대 스타플레이어들이 출전하는 '레전드 올스타전'을 준비하는 과정에서 팬 투표를 실시하자 이상민이 다시 한 번 1위에 오른 것이다. 대학 농구 시절부터 한국 농구의 간판스타였던 허재와 강동희, 문경은, 현주엽, 전희철, 조성원 등의 스타플레이어들 중에서도 인기투표만 하면 늘 최고는 이상민이었다.

그의 팬클럽은 지금도 철옹성처럼 단단한 결집력을 자랑한다. 농구대잔치 시절 오빠 부대를 몰고 다녔던 그는 프로 농구가 출범한 후에도 빠르고 재치 있는 플레이로 팬들의 마음을 사로잡았다. 거기에 더해 깔끔한 외모와 크지 않은 보통 체격이 더 친근감을 주어 여성 팬이 특히 많았다. 대학교 때부터 많은 팬들이 있었지만 이상민은 팬클럽 회원들에게 공평하게 대했다. 특정한 사람에게만 잘해 주면 또 다른 사람은 섭섭할 수 있다고 생각했기 때문이다. 그런데 쌀쌀맞게 보일 수도 있는 이상민의 태도는 오히려 더 많은 팬들을 불러 모으는 뜻밖의 결과로 이어졌다. 이상민은 9년 연속 올스타 팬 투표에서 1위를 한 사실이 지금도 불가사의하다고 생각한다. '튀는 행동'이나 단 한 번의 일탈도 없이 묵묵히 자신의 능력을 갈고닦았던 이상민의 모습을 보면, 인기란 쫓아가서 얻어지는 게 아니라 묵묵히 자신의 길을 걷는 사람에게 따라오는 것이라는 생각이 든다.

농구를 포기하고 싶지 않았던 키 작은 소년

농구는 다른 어떤 종목보다도 신체 조건이 경기력에 큰 영향을 주는 스포츠라고 할 수 있다. 305센티미터 높이의 림^{rim}에 가까이 닿을 수 있는 선수가 득점을 성공시키는 데 유리하다. 2미터가 훌쩍 넘는 신장에 탄력까지 뛰어난 미국 프로 농구^{National Basketball Association, NBA} 선수들 앞에서는 아무리 스피드가 뛰어나고 외곽 슛이 정확한 한국 선수들이 맞서더라도 신체 조건의 한계를 극복하기 힘들다. 그런 점에서 농구는 원래 국민의 사랑을 받기에 불리한 종목이었다. 4년마다 열리는 세계인의 축제 월드컵과 그 사이에 열리는 올림픽을 통해 축구는 국민적인 관심사가 되었다. 프로 야구도 월드컵을 염두에 두고 메이저 리그가 중심이 돼 만든 WBC^{월드베이스볼클래식}와 2008년 베이징 올림픽 금메달이 없었다면 지금과 같은 인기를 누리기는 어려웠을 것이다. 한국 농구는 1996년 애틀랜타 올림픽을 끝으로 올림픽 본선 무대에서 사라졌다. 그래도 프로 스포츠로서 자리 잡을 수 있었던 것은 1990년대 폭발적인 인기를 누렸던 '농구 대잔치' 시절의 스타들이 존재했기 때문이다.

이상민은 그중에서도 가장 많은 팬들의 사랑을 받은 스타였다.

이상민은 키 182센티미터로 농구 선수 중에서는 단신에 속한다. 키가 작은 선수가 맡을 수 있는 자리는 주로 신장이 큰 선수들에게 패스를 하는 포인트 가드다. 직접적으로 공격을 하는 대신 경기 흐름을 꿰뚫어 보는 능력을 갖추고 팀 전체의 공격을 조율해야 하고, 더불어 정확한 외곽 슈팅을 갖춰야 한다. 현역 선수 시절 '컴퓨터 가드'라는 별명을 가진 이상민이 바로 이런 역할을 가장 잘 수행했던 선수 중의 하나이다. 그는 프로 농구 원주 동부 강동희 감독과 함께 한국 농구 역대 최고의 포인트 가드로 손꼽힐 정도로 뛰어난 기량을 자랑했다. 특히 감각적인 패스와 승부를 가르는 중요한 순간에 어김없이 성공시키는 중거리 슛이 일품이었다.

현역 시절 '농구 대통령'이라는 찬사까지 들었던 허재 KCC 감독은 "패스로만 따지면 이상민이 역대 최고 선수다. 아직도 이상민을 뛰어넘을 만한 후배들이 보이지 않는다"고 평가했다. 연세대와 대표 팀에서 함께 활약했던 문경은 SK 감독은 "함께 뛸 때 보면 어떻게 내가 여기 있을 걸 알고 정확하게 패스를 줄까 싶을 정도로 뛰어난 감각을 지니고 있었다"고 말했다. 최희암 전 연세대 감독 역시 "국내 선수들 가운데 가장 영리한 선수"라고 높이 평가했다.

이상민이 농구공을 처음 잡은 건 서울 성북초등학교 5학년 때였다. 어린 시절 축구 선수로 활약했던 아버지를 따라다니면서 축구공만 찼던 그는 림이 뭔지도 몰랐다. 키도 144센티미터로 작아서, 농구 선수가 되겠다는 꿈을 꿔 본 적도 없었다. 그런데 어느 날 우연히 5,000원의 가입비만 내면 활동할 수 있다는 농구부원 모집 공고를 보았다. 당시 그는 농구의 '농'자도 몰랐지만, 그냥 책상에 앉아서 공부하는 것보다는 운동장에서 뛰어노는 걸 좋아해서 농구부에 들어가야겠다고 생각했다. 아버지 역시 아들이 취미 삼아 하는 거라고 여기곤 흔쾌히 승낙했다.

초등학교 때까지는 재미로 했지만 홍익대 부속 중학교로 진학하면서부터는 농구에 전념했다. 문제는 키였다. 중학교 1학년 때 키가 154, 2학년 때 159, 3학년 때 167, 고등학교 1학년 때 172, 2학년 때 177, 3학년 때 182센티미터였다. 학창 시절에 얼마나 키 때문에 고민을 했는지 지금도 이상민은 센티미터 단위로 자신의 어렸을 때 키를 정확하게 기억하고 있었다.

부모님도 키가 너무 작아서 농구로 대성할 가능성이 없다며 반대하셨다. 그래도 이미 친구들과 함께 몰려다니며 농구를 하는 즐거움에 빠진 이상민은 혹시 농구를 못하게 될까 봐 더욱더 지독한 기본기 훈련으로 단신이라는 핸디캡을 극복했다. 더 민첩하게 뛰고, 더 빠르고 정확한 슈팅력을 갖추게 된 이상민은 점점 돋보이는 선수로 성장했다.

고교 시절까지 이상민이 다녔던 학교에는 농구부를 위한 실내 체육관이 없었다. 체육관에서 공을 튀기고 슛을 던질 수 있는 유일한 기회는 다른 학교와의 연습 경기 때였다. 방학 때는 이 학교 저 학교를 다니면서 체육관을 빌려 연습하는 경우도 많았다. 초등학교 때는 농구 교본을 보고 공부해 가면서 훈련하기도 했다.

본격적인 선수 생활은 고등학교 때부터 시작됐다. 매일 새벽부터 저녁까지 이어지는 혹독한 훈련을 받았지만 이상민은 성실한 자세로 훈련했고 꾸준히 출전 기회를 보장받았다. 고등학교 시절 농구부 담당 교사인 김진수 선생님은 키는 작지만 열심히 하는 이상민에게 출전 기회를 많이 주었다.

다른 분야도 마찬가지겠지만 아무리 실력이 좋아도 벤치에 앉아 있으면 실력이 줄고 사람들의 기억 속에서 사라지게 된다. 유럽에 나가 있는 축구 선수들이 명문 팀에 입단할 기회를 가져도 출전 기회를 잡지 못하면 점점 도태되는 것과 같은 이치다. 이상민은 출전 기회를 잡았을 때면 몸을 던지는 자세로 열심히 해 더 많은 출전 기회를 보장받았다.

훈련이 힘들어도 스스로 그만두고 싶다는 생각을 해 본 적이 없다. 묵묵한 성격인데다 워낙 농구를 좋아했기 때문이다. 이상민은 대부분 엄격한 스타일의 지도자들을 만났는데 그 자신이 워낙 알아서 열심히 했기 때문에 엄한 지도자들 밑에서도 그렇게 힘들지는 않았다고 한다.

홍대부고 선수 시절 키가 180센티미터 정도 되면서부터는 국내 고등학교 무대를 휩쓸 수 있었다. 연세대학교로 진학하여 농구 대잔치에서 실업 팀을 꺾는 이변을 연출하던 '독수리 5형제'의 일원이었다. 독수리는 연세대학교의 상징이다.

그러나 대학 시절의 낭만을 즐길 잠시의 틈도 없이 새벽부터 저녁까지 최소 네 차례씩 지속되는 스파르타식 강훈련에 지쳐 농구에 대해 잠시 회의를 품기도 했다. 하지만 방황이랄 수도 없을 만큼 짧은 방황을 끝내고 숙명과도 같은, 훈련과 경기가 되풀이되는 생활로 돌아갔다.

선수이기 이전에
먼저 '학생'이다

　　　　　　　　　　이상민은 한국 농구의 전성기를 함께했다. 프로에서는 현대와 KCC, 삼성을 거치면서 세 번 팀을 정상에 올려놨고, 국가 대표 유니폼을 입고는 1996년 애틀랜타 올림픽 본선 무대를 밟았다. 2002년 부산 아시안 게임에서는 중국을 꺾고 금메달을 목에 거는 기적을 연출했다. 이상민은 30년 가까운 농구 선수 생활 중 가장 기억에 남는 순간으로 바로 이 2002년 부산 아시안 게임을 꼽았다. 필리핀과 준결승전에서 경기 종료 시간에 결승 버저비터 3점 슛을 꽂아 넣었다. 그리고 결승전에서는 만리장성처럼 높기만 하던 중국의 벽을 넘어 금메달을 따냈다.

　어릴 때 친구들하고 합숙하고 돌아다니는 게 좋아서 시작한 농구였지만 한국 농구가 가장 빛나던 순간 그 무대에서 활약하는 영광을 누리게 된 것이다.

　전주 KCC의 프랜차이즈 스타였던 이상민은 2006~2007시즌이 끝난 뒤 서장훈 부산 KT의 보상 선수로 삼성 유니폼으로 갈아입는 비운의 주인공이 되기도 했다. 하지만 삼성에서 현역 시절 유종의 미를 거둔 뒤 미국 유학을 거쳐 현재는 삼성 썬더스 농구단 코치로 변신해 '제2의 인생'을 살고 있다.

　이상민은 2010년 현역 은퇴 후 미국으로 건너가 뉴저지에 머물며 2년 가깝게 영어 공부를 하고 돌아왔다. 오전에 버스를 타고 뉴욕으로 건너가 학원에 다니고 아이들을 데리고 집으로 돌아오는 일상이었다. 작은 아이는 운동에 소질을 보여 두세 가지 운동을 시키고, 큰 아이는 뮤지컬을 공부했다. 중학교 때부터 이어진 합숙과 대회 훈련으로 개인 생활이 거의 없었던 이상민에게는 처음 찾아온 자유 시간이었다. 미국에서 처음으로 가족이 모두 모여 아이들의 생일에 같이 외식을 해 봤다. 현역 시절에는 아이들 생일이 농구 시즌 중인 겨울이라 함께 외식할 기회도 없었던 것이다.

이상민이 미국 유학 시절 의사소통에 문제가 없었으면 미국 NBA 팀에서 연수를 받으며 더 좋은 기회를 잡을 수 있었을지도 모른다. 하지만 또래의 운동선수들이 대부분 그렇듯, 운동에 모든 시간을 쏟아부어 기초 학력을 탄탄하게 다지지 못했다. 지도자 생활을 하고 있는 지금도 그래서 학창 시절에 영어 공부라도 제대로 했으면 좋았을 것이라며 안타까워 한다. 한편으로는 늦게나마 뉴욕에서 영어의 기초를 다질 수 있었던 것을 다행으로 여긴다.

이상민은 운동에만 '올인'하는 엘리트 스포츠 선수로 자라면서 학교 수업을 제대로 듣지 못했다. 중학교 때는 3~4교시까지만 책상에 앉아 있었고, 고등학교 시절에도 중요한 대회를 앞두고 있거나 지방에서 대회가 열릴 때면 수업을 받지 못했다. 이상민과 비슷한 나이대의 운동선수들은 대부분 비슷한 경험을 하면서 학창 시절을 보냈다. 학교 운동부가 전국 대회에서 좋은 성적을 올리면 수업에 들어오지 않는 것을 문제 삼는 학교는 많지 않았다.

이상민은 연세대학교에 입학하면서 체육학과가 아닌 경영학과를 선택했다. MT나 축제 같은 대학 문화도 즐겨 보고 싶었다. 하지만 대학 때도 하루 네 차례씩 강훈련을 하는 바람에 대학의 분위기를 제대로 즐기지 못했다. 훈련과 시합 때문에 수업을 제대로 듣지 못해 학점을 제대로 받지 못해 계절 학기를 따로 듣는 경우가 많았다.

이상민의 가슴에는 아직도 "너는 선수이기 이전에 학생이다. 수업도 안 오고 시험을 제대로 못 봤는데 학점을 줄 수는 없다"고 말한 심리학 교수의 이야기가 남아 있다.

공부는 연속성이 있어야 하는데 수년간 수업을 듣지 않다가 대학교 입학 후 다시 시작하기는 정말 어려운 일이다. 미국에서 영어 연수를 할 때도 처음부터 다시 시작하는 마음으로 문법부터 배우기 시작했고, 한 달 후부터 회화에 전념했다. 그의 두 아이는 1년이 지나자 친구들과 아무 문제없이 함께 공부하고 놀 수 있을 정도로 영어를 빨리 배웠다. 스펀지처럼 빨아들이는 어린아이들처럼 영어가 늘지는 않았지만 이상민도 모처럼 공부하는 즐거움을 느낄 수 있었던 시간이었다.

프로 선수라고 평생
운동만 하며 살 수는 없다

이상민에게는 초등학교와 중학교, 고등학교 때 함께 운동하면서 대학까지 진학했다가 농구를 그만둔 친구들도 있다. 대학이나 프로 팀에서 요구하는 수준에 적응하지 못한 것이다. 하지만 이들 중 상당수가 대학교에서 농구를 그만둔 뒤 공부를 시작했고, 사회에서 사업으로 성공한 친구들도 꽤 있다. 하지만 지금 만나는 그 친구들은 좀 더 일찍 다른 길로 갔으면 더 좋았을 것이라는 이야기를 한다.

이상민 코치는 어느 날 한 텔레비전 프로그램에서 심사위원으로 나온 가수 이승철 씨가 "노래 한두 소절만 들어 보면 이 사람이 가수로 성공할 수 있을지 없을지를 느낄 수 있다"고 한 이야기에 무척 공감했다. 운동도 마찬가지다. 천부적인 재능과 감각이 있는 경우에는 심지어 고등학교 때 운동을 시작해도 두각을 나타내는 경우가 적지 않다. 조광래 전 축구 대표 팀 감독은 명문고인 진주고등학교에 시험을 봐서 합격한 뒤 축구를 시작한 경우였다.

하지만 천부적인 재능도 노력을 통해 가꾸지 않으면 소용이 없다는 것을 이상민은 일찌감치 깨달았다고 했다.

그러면서 자신의 홍대부고 선배인 조성원현 SBS ESPN 해설위원의 일화를 들었다. 당시 키가 170센티미터 중반대였던 조성원은 불리한 신체 조건을 극복하기 위해 매일 새벽 10킬로그램짜리 납 조끼를 껴입고 슈팅 연습을 했다. 선생님을 모시고 슈팅 과외를 받기도 했다. 학교 체육관이 없어 슈팅 연습을 할 기회도 별로 없는 환경이었지만 이처럼 지독한 노력이야말로 프로 무대에서도 뛰어난 슈터로 활약할 수 있는 원동력이 되었다. 이상민도 조성원의 새벽 훈련에 몇 차례 함께 참가하면서 많은 걸 느낄 수 있었다. 조성원은 점프력을 키우려고 아파트를 오르내릴 때도 늘 계단으로 뛰어다녔다. 또 연세대학교 선배인 문경은 매일 별도로 수백 개씩 3점 슛을 연습하는 것을 습관으로 삼았다. 결국 최고의 자리에 오르기 위해서는 타고난 재능에 피나는 노력이 더해져야 한다는 것은 어느 분야나 공통된 법칙이다.

그는 세대가 변하면서 운동선수를 발굴 육성하는 시스템도 달라져야 한다고 생각한다.

운동 실력과 교양을 함께 갖추지 않으면 국제 무대에서도 통용될 수 있는 스포츠 선수를 키우기 어렵기 때문이다. 그는 요즘 신세대 운동선수들에게는 예전처럼 스파르타식 훈련이 통하지 않는다고 본다. 어린 선수들은 텔레비전이나 인터넷 등을 통해 NBA 경기들을 보고 화려한 동작을 따라하는 데 치중해 정작 기본기를 기르는 데는 소홀한 경우가 많다. 중국도 국민 소득이 상향된 후에는 예전처럼 팀을 위해 헌신하는 끈끈한 플레이가 아니라 자기 개인기를 펼치려는 선수가 더 많아지면서 아시아 정상의 자리에서 밀려났다. 아무리 NBA에서 뛰는 장신 선수가 있어도 포지션별로 팀을 위해서 헌신하기보다는 서로 화려한 플레이만 하려고 하면서 중국 농구는 예전 같은 위력을 발휘하지 못하고 있다. 요즘은 귀화 선수들을 적극 활용하는 중동 국가들이 아시아 정상을 차지하고 있다. 예전처럼 지독한 승부 근성을 가진 선수들도 드물다. 어릴 때부터 팀 운동의 가치를 익히고 인간적인 소양을 기르지 않으면 화려해 보이는 겉모습과 달리 속 빈 강정처럼 질적 저하를 막을 수 없게 된다.

이상민은 엘리트 스포츠를 집중 육성하는 우리나라의 육성 정책이 인구 규모와 경제력에 비해 스포츠 강국으로 발돋움할 수 있었던 원동력이었다는 사실은 인정한다. 그는 유니버시아드 대표로 갔던 스페인에서 어린 시절부터 각 종목의 유망주들을 적극 육성하는 모습을 인상 깊게 기억하고 있다. 하지만 초등학교나 중학교 때부터 엘리트 스포츠 스타일로 운동에만 전념하는 모습은 바람직하지 않다는 생각이다. 그는 프로 농구의 저변을 넓히기 위해서라도 중학교까지는 엘리트 선수가 아닌 일반 학생들도 농구부 활동을 하면서 애정을 갖도록 하는 게 좋다고 생각한다. 운동 쪽에 더 관심이 많은 학생들도 자연스럽게 수업을 듣고 공부를 하고, 일반 학생들도 농구부원으로서 자신들의 수준에 맞는 팀들과 경기를 갖는 방식이다.

일본은 대표 팀 기량으로는 한국보다 한 수 아래지만 초·중·고교 농구부가 1000개를 넘는다. 반면 한국은 100개 정도에 불과하다. 많은 학생들이 취미로 농구를 접하다 보면 평생 직업으로 삼아 죽을 만큼

▶ 현역 시절 이상민은 빠른 돌파와 감각적인 패스로 '컴퓨터 가드'라는 찬사를 받았다.

노력해야겠다는 마음을 먹은 뛰어난 유망주가 나올 확률도 높아진다. 여러 종목에서 이런 일이 꾸준히 반복되면 한국이 앞으로도 스포츠 강국의 위치를 유지할 수 있을 것이라는 생각이다.

농구는 혼자 하는 운동이 아닌 팀 경기

삼성 썬더스 농구단 코치 이상민은 처음부터 끝까지 벤치에서 일어서서 선수들을 독려한다. 감독의 작전 지시가 끝난 뒤에는 따로 몇몇 선수들에게 귀엣말로 조언을 하기도 한다. 직접 코트에서 뛰고 싶은 마음이 굴뚝같지만 이제는 자신의 경험을 선수들에게 효과적으로 전달하는 능력이 더 중요하다. 제2의 농구 인생을 시작한 뒤로는 선수들의 멘토 역할을 톡톡히 하고 있다. 삼성 구단도 2012년 지도자 생활을 시작한 초보 코치 이상민에게 좋은 평가를 내리고 있다. 이성훈 삼성 단장은 "이 코치가 자기 몫을 잘해 주고 있다. 선수들에게도 현역에서 은퇴한 지 얼마 되지 않은 스타플레이어 출신인 이 코치의 한마디 한마디가 다르게 들릴 것으로 생각한다"고 말했다. 스타플레이어를 찾아 보기 힘든 요즘 농구 판에서 이 코치를 보면서 스타의 꿈을 키워 가는 선수들이 늘어나고 있다.

벤치에 앉으면 선수들의 단점들이 쉽게 눈에 들어온다. 선수 때는 느끼지 못한 것들이다. 선수들에게 편하게 다가가고 싶지만 어느 정도 거리를 둘 필요도 있다. 워낙 친근하고 소탈한 성격의 이상민에게는 쉽지 않은 지도자 수업 과정이다. 코치 생활을 처음 해 보니 선수 시절과는 비교할 수 없을 정도로 시간이 없다. 외국인 선수를 선발하기 위해 수백 명의 경기 내용을 담은 비디오를 보고 기량을 분석해서 감독에게 보고해야 한다. 또 선수들의 기량을 발전시키는 것뿐만 아니라 생활을 옳은 방향으로 이끌어 줘야 한다는 책임감을 느낀다. 그는 요즘 선수들이 개인주의적 성향이 강하고, 인터넷이나 SNS에 탐닉하면서 집중력이 떨어진다는 점을 우려했다.

어릴 때부터 엄격한 지도자들을 접한 그는 자율적인 시스템을 좋아한다. 하지만 팀워크를 위해서라도 어느 정도는 강압적인 분위기를 만들어야 한다는 결론을 내렸다. 프로의 자세를 심어 주기 위해서다. '프로' 농구 선수라는 자신의 직업을 명확히 인식하고, 한발이라도 뒤처지면 도태될 수 있다는 위기의식을 늘 갖고 열심히 하도록 유도해야 한다는 생각이다.

한국 최고의 인기 스타 농구 선수였던 이상민이 지도자로서도 대성할 수 있을지 많은 농구 팬들이 기대를 가지고 지켜보고 있다.

> **TIP**
>
> **이상민이 말하는 프로의 조건**
> - 신체 조건이 좋지 않다고 좌절하지 말라
> - 기본기를 충실하게 다지라
> - 최대한 많은 출전 기회를 쟁취하라
> - 학생일 때는 공부에서 손을 놓지 말라
> - 팀워크를 해치지 말라
> - 집중력을 키워라

● 농구의 유래

농구basket ball는 1891년 미국 매사추세츠 주의 국제 YMCA 체육 학교 교사 제임스 네이스미스가 궂은 날씨에도 실내에서 즐길 수 있도록 만든 구기 종목이다.

네이스미스는 크고 가벼우며 양손으로 다룰 수 있는 공을 사용하고, 공을 손에 든 채로는 달릴 수 없으며, 플레이를 할 때 포지션에 상관없이 누구나 공을 가질 수 있고, 선수들은 양 팀 코트에서 자유롭게 활동할 수 있으나 부당한 신체 접촉은 금지하며, 슛을 하여 득점을 올리는 바스켓은 머리 위 높이에 수평으로 설치한다는 등의 원칙을 기본으로 13조로 된 규칙을 만들었다. 초기에는 따로 농구공을 만들지 않고 축구공을 사용했으며, 바스켓으로 체육관 양쪽 벽에 복숭아 바구니를 매달아 놓았다. 한 팀 선수는 9명이었다.

시간이 흐르면서 현재 모양의 바스켓이 만들어졌고, 백보드back board를 사용하게 됐다. 또 한 팀 구성원도 5명으로 줄었다. 1894년에는 전체적인 규칙이 오늘날과 비슷해지고 림과 공의 크기도 결정됐다. 1936년 베를린 올림픽부터 정식 종목으로 채택되었고, 1950년 FIBA국제농구연맹 주관으로 세계 농구 선수권 대회가 열리기 시작했다. 미국에서는 1898년 세계 최초로 프로 팀들이 생겨나 리그전을 펼치기 시작했고, 미국 프로 농구는 1949년 설립됐다.

● 농구의 포지션

농구 포지션은 가드, 포워드, 센터 세 가지로 나뉜다. 가드에는 슈팅 가드와 포인트 가드가 있고, 포워드는 파워 포워드와 스몰 포워드로 분류한다. 포인트 가드는 볼을 공격 지역으로 이동시켜 포워드나 센터에게 골을 넣을 수 있게 도와주고 자기가 직접 슛을 하기도 한다.

슈팅 가드는 3점 슛과 드리블 돌파에 이은 슛 등 슈팅에 초점을 맞춘다.

스몰 포워드는 주로 득점을 하거나 센터와 파워 포워드와 함께 2, 3차 리바운드를 돕고, 파워 포워드는 센터와 비슷하게 골 밑에서 활동하며 골 밑 슛과 중거리 슛이 좋아야 한다.

센터는 신장이 좋은 선수들이 맡아 리바운드와 골 밑 득점을 주도한다.

● 덩크슛 dunk shoot
상대 팀의 기를 꺾는 호쾌한 덩크슛은 농구를 대표하는 상징 중 하나다. 덩크dunk의 원뜻은 베이글이나 도넛을 커피나 우유 같은 음료에 적시는 것. 림을 부술 듯한 기세로 내리꽂는 폭발적인 모습이 공을 림 안으로 빠뜨리는 것에 비유돼 덩크슛이라고 불리기 시작했다. 덩크슛을 자유자재로 구사했던 선수는 1960년대 최고 스타였던 월트 체임벌린신장 216센티미터이 꼽힌다. 그가 덩크슛 하나만으로 상대를 유린하자 너무 경기를 재미없게 만든다고 해서 금지되기도 했다. 덩크슛이 대중적 인기를 모은 것은 1977년부터 NBA에서 활약한 줄리어스 어빙에 의해서다. '닥터 J'라고 불린 어빙은 점프에서부터 볼을 림에 내리꽂기까지 긴 체공 시간을 이용, 다양한 동작과 파워를 실어 덩크를 예술의 경지로 승화시켰다. 덩크에 '문을 쾅 닫는다'는 사전적 의미가 담긴 슬램slam이란 수식어가 따라다니는 것도 온몸의 체중을 실어 림을 부술 것처럼 강력하게 구사하기 때문이다.

● 앨리우프 Alley-oop
앨리우프는 패스하는 선수와 그것을 논스톱 슛으로 마무리하는 선수 사이의 호흡이 필수적인 고난도 농구 기술이다. 패스하는 선수의 넓은 시야와 받는 선수의 점프력이 뒷받침돼야 한다. '앨리우프'란 말은 만화 주인공 이름으로 먼저 유명해졌다. 1930년대에 출간된 이 만화는 선사 시대 원시인을 모델로 미국인들의 삶을 풍자한 것. '앨리우프'의 어원은 프랑스어와 영어 등이 혼합된 'Allez oup'에서 나온 것으로 우리말로 해석하면 '으랏차'나 '영차' 정도다. 주인공은 공룡에 올라탈 때마다 "앨리우프Alley-oop, 영차!"라고 소리쳤다.
이 말이 농구에선 림으로 힘껏 뛰어올라 슛으로 연결한다는 뜻에서 '앨리우프'가 되었다는 설이 있다. 또 다른 설은 뒷길을 뜻하는 'Alley'와 농구 림을 뜻하는 'Hoop'가 합쳐진 말이라는 것. 앨리우프를 성공시키기 위해선 림 근처에서 상대 수비 뒤쪽으로 슬쩍 돌아 들어가야 하는데 이 동선動線이 뒷길을 의미한다는 것이다.

● 한국의 프로 농구는 어떻게 시작되었나?
농구는 4대 프로 스포츠 중에서 야구, 축구에 이어 세 번째로 프로화化에 성공했다. 남자 프로 농구는 1997년 2월 출범했고, 여자 프로 농구도 1년 뒤인 1998년 닻을 올렸다.

농구의 프로화는 1990년대 초반부터 추진됐다. 당시 농구 대잔치는 겨울 스포츠 최고의 인기를 누리고 있었다. 농구계에서는 충분히 프로로 전환해도 성공할 수 있다는 목소리가 높아졌다.

다만 남자 실업 팀 숫자가 너무 적다는 문제를 극복해야 했다. 당시에는 기아자동차, 현대전자, 삼성전자 등 실업 팀 3개와 중소기업은행, 산업은행, 한국은행 등 금융 팀 3개가 전부였다. 실업 3개 팀의 전력이 금융 팀보다 월등히 높아서 전력 불균형에 대한 우려도 있었다.

그러나 대한농구협회는 프로농구소위원회를 발족시키는 등 꾸준히 프로화 작업을 진행했다. 미국 프로 농구의 리그 운영을 벤치마킹했고, 프로 팀을 유치할 연고 도시들도 물색했다. 서울방송SBS, 대우증권, 동양제과 등 새로운 팀들도 속속 창단했다.

프로화 준비 과정에서 '아마추어 농구에 대한 관심이 급격히 떨어질 수 있다', '외국인 선수를 받아들이면 국내 선수들의 입지가 좁아진다' 등의 반대 의견도 없지 않았으나, 대세를 막진 못했다.

한국농구연맹Korean Basketball League, KBL은 1996년 10월 **창립총회**를 열었고, 11월에는 미국 로스앤젤레스에서 첫 외국인 선수 드래프트를 실시했다. 그리고 이듬해인 1997년 2월 1일, 기대와 우려 속에 8개 팀이 참가하는 프로 농구 첫 시즌이 개막했다. 다음 시즌에는 팀이 2개 더 늘어나 현재의 10구단 체제를 완성했다.

06 스포츠 클라이밍의 프런티어
김자인

1988년 9월 11일 브라질 상파울루에서 태어났다. 어머니가 김자인을 임신한 상태에서 한국에서 브라질로 건너갔다가 김자인이 여섯 살이 되던 해 한국으로 돌아왔다. 산악 등반을 즐겨 하는 부모님 영향으로 어려서부터 등반을 좋아했다. 초등학교 6학년 때 본격적으로 스포츠 클라이밍에 입문했다.

열네 살 때에 아시안 주니어 엑스 게임X-game에 첫 출전해 우승을 했고 열다섯에 국내 여자 일반부에서 첫 우승을 차지했다. 월드컵 출전 자격이 주어지는 열여섯 살이 되던 해 처음 출전한 샤모니 대회에서 41위로 예선 탈락했지만 그 경험을 계기로 훈련에 몰두했다. 2007년 9월 벨기에 푸르스 월드컵에서 3위를 차지하며 처음으로 입상했고, 2009년 세계 선수권 준우승에 이어, 같은 해 체코 브루노 월드컵에서 첫 우승을 차지했다. 2010년 7월 중국 월드컵에서 우승하면서 세계 랭킹 1위에 등극했다. 고려대학교 체육교육과를 졸업하고 대학원에서 스포츠 심리학을 공부하고 있다.

김자인은 프런티어^{frontier, 개척자}다. 그동안 레저 스포츠의 하나로만 여겨지던 스포츠 클라이밍^{인공 암벽 등반}을 한국에서 단숨에 어엿한 스포츠 종목으로 대접받게 한 주인공이다. 인터넷에는 김자인과 관련된 뉴스와 대회 동영상이 빼곡하게 차 있다. 그녀의 일거수일투족은 늘 실시간으로 전달될 정도로 많은 관심을 모으고 있다.

국내 언론에서는 김자인을 '암벽 여제', '스포츠 클라이밍의 여왕'이라는 애칭으로 부른다. 김자인은 2012년까지 3년 연속 스포츠 클라이밍 리드 부문 세계 랭킹 1위로 한국 스포츠 클라이밍 사상 처음으로 국제 스포츠 클라이밍연맹^{International Federation of Sport Climbing, IFSC} 세계 선수권 종합 우승을 차지하기도 했다. 김자인은 번외 경기이긴 했지만 2010년 노스페이스 컵 남자부에 출전해 성^性 대결을 펼친 적도 있을 정도로 국제적으로 인정받는 스타 선수다.

김자인은 2012년 11월 슬로베니아 크란에서 열린 IFSC 월드컵 시리즈 리드 마지막 대회9차에서 4위를 차지하면서 세계 랭킹 1위 자리를 지켰다. 스포츠 클라이밍은 선수가 경기를 할 때 다양한 음악을 틀어 놓는데, 한국에서 온 김자인이 들어서자 전 세계적인 열풍이 불고 있는 가수 싸이의 「강남 스타일」이 흘러나왔다. 음악과 동시에 관중석에서 웃음이 터져 나오면서 집중력이 흐트러졌다. 경기에서는 손해를 보았지만 김자인이 스포츠 클라이밍을 통해 한국 선수들의 인지도를 높여 주는 역할도 톡톡히 하고 있다는 사실을 보여 준다.
　김자인의 특징은 매우 '다채롭다'는 점이다 경기를 할 때는 표범처럼 날렵한 근육질의 '여전사' 같지만, 개인적으로는 화사한 원피스를 즐겨 입고 화장도 잘한다. 암벽을 탄다고 평소에도 그런 복장을 할 필요는 없다는 생각에 여자답게 예쁘게 꾸미고 다닌다. 이런 '이중적 매력'도 그녀를 스타로 만들어 주는 요인 중 하나이다.

인간 거미,
스포츠 클라이밍의 세계

　　　　　　　　스포츠 클라이밍은 미국과 유럽의 거대한 암벽 타기에 도전하는 등반가들이 평소에도 클라이밍을 할 수 있도록 실내에 인공 암벽을 만들어 즐기면서부터 시작됐다고 한다. 재미로 시작한 경기는 더 빨리, 더 어려운 루트를 오르는 경쟁적인 스포츠로 발전했다.

스포츠 클라이밍은 '리드Lead', '볼더링Bouldering', '스피드Speed' 등 세 종목이 있다. 리드는 13미터 이상의 높은 코스에 매달려 얼마나 더 높이 올라가느냐를 겨루는 종목이다. 볼더링은 4~5개로 구성된 5미터 내외의 인공 암벽을 몇 차례의 시도 만에 완등하느냐를 따지고, 스피드는 상대적으로 쉬운 코스를 얼마나 빨리 오르느냐를 가린다. 규격 코스가 정해진 스피드와 달리 리드와 볼더링은 대회마다 코스가 다르다. 김자인은 리드에서 세계 랭킹 1위에 올라 있고 볼더링에서도 세계 10위권 수준의 실력을 인정받고 있다.

스포츠 클라이밍은 연간 수십 차례의 국제 대회가 열리면서 2020년 올림픽 정식 종목 진출을 노리고 있다. 국내에서도 전국 체전에 포함되는 등 어엿한 스포츠 종목으로 거듭나고 있다. 아직 한국에서는 등록 선수 2000여 명, 동호인 10만여 명 수준인 비인기 종목이다.

한국 스포츠 클라이밍의 개척자 김자인은 이름부터 암벽 등반과 떼어 놓을 수 없다. 부모님은 전문 산악인은 아니지만 거의 전문가 수준으로 등반을 좋아했다. 아버지와 어머니를 따라다니면서 어려서부터 자연스럽게 암벽과 친해졌다. 아버지가 이름을 지어 주셨는데 자인에서 '자'자는 자일Seil에서 따왔다. 로프를 말한다. '인'은 인수봉의 인자를 붙여 '자인'으로 지었다. 부모가 한 번도 진로에 대해서 이래라저래라 한 적은 없지만 그녀는 오빠들김자인의 두 오빠도 모두 스포츠 클라이밍의 고수들이다과 암벽 등반을 놀이처럼 자연스럽게 즐기게 됐다. 하다 보니 재미있어 더 열심히 했고, 초등학교 6학년 때부터 본격적으로 입문했다. 그녀는 스포츠 클라이밍이 주는 매력을 한마디로 '몰입沒入'이라고 했다. 암벽 등반의 코스는 무궁무진하고 또 클라이머의 수준에 따라 선택하는 길도 천차만별이기 때문에 오를 때마다 무아지경에 빠지게 된다고 했다. 스포츠 클라이밍의 스트레스를 스포츠 클라이밍으로 푸는 경지를 느끼게 됐고, 그녀가 세계 최고가 되는 데는 그리 오랜 시간이 걸리지 않았다.

몰입이 주는 고통, 그리고 즐거움

스포츠 클라이밍이 정말 가벼운 마음으로 즐길 수 있는 쉬운 운동은 아니다.

김자인 키 153센티미터, 몸무게 41킬로그램은 날렵하게 암벽을 오르기 위해 철저히 체중을 관리한다. 제대로 먹는 식사는 아침과 점심을 겸해 먹는 '아점' 한 끼뿐이다. 그리고 나머지는 고구마나 자몽 한 개를 먹는 게 전부다. 밤에 너무 배가 고프다 싶으면 우유 한 잔을 마시고, 내일 아침에 뭘 먹을까 생각하며 잠드는 날이 많다고 한다. 배고픔의 고통은 조금만 참으면 내가 좋아하는 클라이밍을 더 재미있게 더 잘할 수 있다는 생각 하나로 버틴다. 때문에 가장 즐거워하는 취미는 미식美食 맛보기다. 시간만 나면 맛 집을 소개하는 블로그를 검색하고, 마음에 드는 곳이 있으면 찾아간다. 평소 먹는 것과 처절한 싸움을 벌이다 보니 시즌이 끝나고 여유를 찾을 때 스스로 아픔을 달래는 것이다. 시즌 후에는 좋아하는 음식은 물론 술도 즐긴다.

 김자인의 발은 전족^{전족}을 한 것처럼 작다. 암벽화는 자신의 원래 발 크기보다 좀 작게 신어야 한다. 발가락을 한곳에 모아야 힘을 잘 실을 수가 있고 암벽의 미세한 부분을 디디는 것이 가능하기 때문이다. 김자인은 보통 신발은 225밀리미터에서 230밀리미터 정도를 신는데 암벽화는 205밀리미터를 신는다. 발가락이 완전히 구부러진 상태에서 암벽을 올라야 하기 때문이다.

 그래서 발가락은 모두 굽어 있고 마디마디의 뼈는 툭툭 튀어나와 있다. 발등에는 피멍 자국이 가실 날이 없다. 신발이 작은 데다 홀드^{벽을 올라갈 때 손으로 잡거나 발로 디딜 수 있는 곳}에 발을 끼워 넣어야 하니 발가락이 굽고, 상처가 나고, 흉해질 수밖에 없다. 김자인은 그래도 발톱에 매니큐어도 칠하고 손질도 하면서 나름대로 멋을 낸다. 노란색을 좋아해서 자주 칠하는 편이다. 손가락도 만성 관절염으로 매일 물리 치료를 받아야 할 정도다. 오전에 치료를 받고 오후에 5~6시간씩 훈련하는 일상이 반복된다. 일주일에 하루 친구를 만나 맛있는 것도 먹고 영화도 보는 것으로 일주일간의 고된 훈련에서 오는 긴장과 스트레스를 푼다.

 인공 암벽을 타면 자연스럽게 어깨 근육이 발달하고 어깨가 넓어진다. 용모에 한참 예민하던 중고등학교 시절에는 어깨 이야기만 해도

▶ '스파이더 걸' 김자인은 2010년 이탈리아 '록 마스터Rock Master'에서 아시아인 최초로 우승했다. 그녀의 이름은 암벽 등반 도구인 자일의 '자'와 북한산 인수봉의 '인'자를 합친 것이다.

울음을 터뜨리고는 했지만 지금은 그렇지 않다. 클라이밍 선수로서 잘 발달된 근육은 오히려 자랑거리라고 생각하고 있다.

손가락과 발가락에 관절염을 달고 살고, 먹고 싶은 것도 제대로 먹지 못한다. 그러면서도 인생을 바꿀 만한 큰돈을 벌거나 성공을 가져다주는 것도 아닌데 그녀는 왜 그렇게 클라이밍을 사랑하는 것일까. 김자인은 "루트를 완등했을 때의 짜릿함과 암벽과 자신이 하나가 된 듯한 몰입의 기분이 좋다. 스포츠 클라이밍은 예선·준결승·결승 때마다 루트가 달라지는데 갈수록 힘들다. 대개 완등이 어려울 정도로 루트를 세팅하는데 그 문제를 모두 풀고 마지막 홀드까지 갔을 때가 가장 짜릿하다"고 했다. 그녀는 10년 이상 스포츠 클라이밍을 하다 보니 암벽에 매달려 있을 때 가장 '나답다'는 생각을 한다고 했다. 그때가 가장 자신감 있고 행복하다는 생각도 든다. 그녀는 팔다리에 힘이 있을 때까지 암벽 등반을 계속할 것이라고 했다.

장미란 선수의 경기 그리고 치유의 손길

세계 랭킹 1위로 가파른 상승세를 타던 2012년 중반 그녀에게 슬럼프가 찾아왔다. 어려서부터 즐겁기만 하던 암벽 타기가 왠지 부담스럽게 느껴졌고, 국제 대회에 나갈 때마다 좋은 성적을 올려야 한다는 중압감에 시달렸다. 스포츠 클라이밍과 김자인에 대한 세상의 높은 관심이 잘해야 한다는 부담으로 돌아온 것이다. 사람들이 자신을 성적만으로 평가하는 것만 같았다. 정상에 오르지 못하면 어떻게 될까 하는 생각에 밤잠을 설치기 일쑤였고, 내가 부진하면 창피해지지 않을까 두려웠다. 그 부담 때문에 언제부턴가 클라이밍을 즐기지 못하게 됐고 훈련도, 일상도 힘들게 느껴지기만 했다.

김자인은 2012년 7월 월드컵 2차 대회_{프랑스}와 3차 대회_{오스트리아}에서 자신의 주 종목인 리드에서도 결승에 오르지 못하는 등 부진을 면치 못했다. 좌절하던 그녀를 다시 일으켜 세운 건 2012년 런던 올림픽에서 역도의 장미란 선수가 보여 준 투혼이었다. 런던 올림픽에서 장미란 선수는 4위에 그쳐 메달을 따지 못했지만 경기가 끝나는 순간까지 최선을 다했다. 그 모습을 보면서 김자인은 자신도 모르게 눈물을 흘렸다. 김자인은 "미란 언니가 느꼈을 부담은 나와 비교가 되지 않았을 것이다. 그런 상황에서도 미란 언니는 역도를 정말 소중하게 생각한다는 걸 느꼈다"고 했다.

그리고 김자인은 초심, 즉 암벽 타기를 그냥 즐기던 마음으로 돌아가자고 마음먹었다. 성적으로 자신을 판단하는 것이 아니라 연습 때 최선을 다했다면 당당할 수 있다고 생각했다. 장미란 선수가 런던 올림픽을 마치고 그동안 자신을 다치지 않게 해 줬다며 바벨에 감사의 키스를 하는 장면을 보면서 그녀는 가슴 뭉클한 감동을 느꼈다. 수천 마디 말로도 해 줄 수 없는 힐링healing이었다. 그리고 김자인의 마음이 가벼워지면서 암벽은 다시 따뜻하게 다가왔다. 즐기자고 마음먹자 모든 게 좋아졌다. 부담감도 줄고 성적도 올랐다. 9월 이후 벨기에와 미국 월드컵, 그리고 목포 월드컵에서 우승하면서 세계 랭킹 1위 자리를 되찾았다. 김자인은 앞으로도 오랫동안 암벽 등반을 순수하게 즐기는 초심을 잃지 않겠다는 다짐을 한다.

공부, 꾸준한 관심과 '습관'이 답이다

스포츠 클라이밍 선수의 스케줄은 대회 출전으로 쉴 틈이 없다. 김자인은 올해 월드컵 시리즈를 포함해 모두 17차례나 해외 대회에 출전했다. 그녀는 이렇게 바쁜 일정을 대학 내내 소화하면서도 한번은 4.5 만점에 평균 4.0 이상의 학점을 받을 정도로 학업 성적도 뛰어났다. 그녀는 2012년 2월 고려대학교 체육교육과를 졸업하고 대학원에 진학해 스포츠 심리학을 공부하고 있다. 그녀도 체육 특기생으로 진학했지만 중고등학생 시절 꾸준히 수업을 듣고 공부를 따라갔기 때문에 대학에 진학해서는 오히려 공부의 즐거움을 느끼게 됐다고 했다. 아무래도 자신이 좋아하는 체육과 관련된 다양한 분야의 전문 지식을 접할 수 있는 기회였기 때문이다. 운동 시간이 적어서 그럴 수 있었다고 생각하면 오산이다. 스포츠 클라이밍은 하루에 5시간 정도 고강도 훈련을 거듭하게 된다. 그리고 시즌이 아닐 때도 꾸준히 근력 운동을 하지 않으면 금세 뒤처지기 쉬운 종목이다. 오후 4~5시까지 수업을 듣고 오후에 운동을 하면서 세계적인 선수로 성장했다는 점에서 그녀의 성장 패턴은 유럽의 클럽 시스템에서 자주 볼 수 있는 특성을 갖고 있다.

김자인은 단체 종목 같은 경우 전국 대회 출전 등 일정이 다르기 때문에 일반화할 수 없지만, 그래도 학교 수업은 가급적 빠지지 말고, 일정 정도의 성적은 받을 수 있도록 지속적인 관심을 기울이는 것이 필요하다고 말한다. 자신도 비록 뛰어나게 공부를 잘하지는 못했지만 중고등학생 때까지 꾸준히 학습 과정을 따라가면서 공부하는 습관이 몸에 밴 것이 큰 도움이 되었다고 했다. 대학원에서는 자신이 운동을 하면서 겪은 심리적 부침의 원인에 대해 알고 싶어 스포츠 심리학을 파고들 생각이다.

올림픽 정식 종목 채택에 도전하다

김자인의 꿈은 올림픽 무대에 선 뒤 스포츠 클라이밍 지도자가 되는 것이다. 스포츠 클라이밍은 2020년 올림픽 정식 종목 후보에 포함돼 있는데 2013년 9월 아르헨티나 부에노스아이레스에서 열리는 국제올림픽위원회IOC 총회에서 최종 결정이 내려진다. 야구와 소프트볼, 롤러 스포츠 등 올림픽 진입을 노리는 종목이 많지만 스포츠 클라이밍도 가능성이 높은 상황이다. 김성림 대한산악연맹 스포츠 클라이밍 담당 이사는 전 세계 6개 대륙과 50개국 이상에서 해당 종목을 즐겨야 한다는 올림픽 정식 종목 여건을 거의 다 갖추고 있다고 설명했다. 인종별로 장단점이 있어 타 종목과 비교해 공평한 경쟁이 가능하고 최근 올림픽 종목 선정 기준이 흥미진진한 경기를 우대하는 흐름이라는 이점도 있다고 한다.

김자인은 "스포츠 클라이밍이 2020년 올림픽 정식 종목이 된다면 반드시 참가하고 싶다. 그때 나이가 32세인데 지금부터 꾸준히 체력 관리를 하고 열심히 노력해서 꼭 출전하고 싶다"는 포부를 밝혔다.

권주현 스포츠 클라이밍 국가 대표 팀 감독은 한국 선수들은 지구력이 좋고 두뇌 회전이 빠르기 때문에 제2의 김자인, 민현빈도 나올 수 있어 정식 종목 채택만 된다면 올림픽에서 한국의 효자 종목이 될 것이라고 기대했다.

한국은 아직 스포츠 클라이밍의 변방이고, 유럽과 아메리카 대륙이 중심이다. 등록 선수는 2000명, 동호회 저변은 10만 명 선이다. 하지만 여자 세계 랭킹 1위인 김자인과 아시아 남자 정상 선수인 민현빈이 나올 정도로 낮은 인지도와 얇은 선수층에 비해 놀라운 성적을 내고 있다. 민현빈은 2010년 아시아 선수권 대회 우승 이후 올해까지 아시아

톱이며, 동양인 선수는 힘들다는 월드컵 대회 결선에 단골로 출전하는 선수다.

김자인의 영향으로 인공 암벽을 찾는 이들이 빠르게 늘고 있다고 한다. 김자인이 스포츠 클라이밍의 전도사가 된 셈이다. 주로 20~30대가 많이 찾고 어린 친구들도 재미있어 한다. 김자인은 자신의 경험을 살려 국제 무대에서 활약할 후배들을 키우고, 장차 자신의 스포츠 클라이밍 장을 만들어 보급에도 나서고 싶은 생각이 있다. 2012년 시즌을 끝내고는 후원사 노스페이스가 주최한 캠프에 참가해 후배 꿈나무들에게 멘토의 역할을 하기도 하는 등 다양한 사회 공헌 활동에도 관심을 보이며 적극적으로 참여하고 있다.

스포츠 클라이밍은 2012년 전국 체전 시범 종목을 거쳐 2013년에는 정식 종목이 된다. 대학에서도 스포츠 클라이밍 특기생을 뽑는 곳이 늘고 있고, 노스페이스와 아디다스, 코오롱 등의 기업은 10~20명 규모의 스포츠 클라이밍 팀을 운영하고 있다. 월드컵 우승 상금이 3000유로^{약450만 원} 정도로 상금 규모가 큰 편은 아니다. 스포츠 클라이밍은 20대 중반이 전성기이며 꾸준히 체력 관리를 하면 30대 중반까지 선수 생활이 가능하다. 한국에는 2000년대 초반 스포츠 클라이밍이 레저 붐을 타고 급격하게 늘어났으며 갈수록 동호인들이 늘고 있다.

TIP

김자인이 말하는 프로의 조건
- 몰입하라
- 초심을 잃지 말라
- 최선을 다했다면, 당당하라
- 공부 습관이 몸에 배도록 하라

● **스포츠 클라이머의 악력은 얼마나 될까?**

보통 성인 남자의 악력이 30킬로그램이라면 스포츠 클라이머의 악력은 50킬로그램 정도다. 이들은 엄지손가락이나 손가락의 중간 마디에 들어가는 힘을 뜻하는 악력보다는 손가락 끝에 걸리는 힘이 세다. 홀드에 손가락을 살짝 걸거나 세운 뒤 그 힘으로 버텨야 하기 때문이다. 손가락 끝으로 홀드를 잡고 턱걸이를 할 정도다.

● **스포츠 클라이밍에 필요한 장비**

기본적으로 자일로프과 하네스(안전벨트), 암벽화, 그리고 손에 땀이 나서 미끄러지는 것을 방지하는 초크라고 하는 탄산마그네슘 파우더, 그리고 그 초크를 담아 허리에 차고 올라가는 초크 백이 있다. 암벽화는 양말을 신지 않는데, 경기에 몰입하거나 긴장하게 되면 땀이 많이 나기 때문에 미끄러짐을 방지하기 위해 작은 신발을 신는다.

또 하나의 선수

로 스쿨로 간 축구 선수
김가람

1984년생으로 서울 영희초등학교 4학년 때 축구를 시작해 대학까지 축구 선수 생활을 했다. 서울대 체육교육과를 다니며 심리학을 복수 전공했고, 2011년 성균관대 로 스쿨에 진학했다. 대한체육회 경영 전략팀, 인터넷 신문사 등에서 인턴 생활을 했다. 앞으로 스포츠와 관련된 각종 법률에 대한 전문가로 활동할 계획이다.

지난 2011년 3월 국내 스포츠계에 의미 있는 사건이 벌어졌다.

초등학교 때 축구 선수 생활을 시작해 서울체육고등학교와 서울대학교 사범대학 체육교육과 출신으로 대학 때까지 축구 선수 생활을 했던 김가람이 성균관대학교 로 스쿨에 입학한 것이다. 로 스쿨에 체육 특기생 특별 전형이 있을 리 없다. 김가람은 대학에서 법학을 전공하거나 사법 시험을 준비해 오던 학생들과 경쟁해 어려운 성취를 일궈 냈다. 그는 입학생 가운데 유일한 운동선수 출신이었다.

그동안 한국에선 다른 선진국들과는 달리 운동선수는 공부와 거리가 먼 사람으로 치부됐다. 반대로 일반 학생에게 운동은 공부에 방해가 되는 것으로 여겨지거나, 단순한 놀이에 불과했다. 하버드 대학교에 제대로 입학해 선수 생활과 학업을 병행하며 졸업하고 미국 프로 농구 리그에서 뛰는 제러미 린 같은 케이스는 별세계에서나 일어나는 일처럼 여겨졌다. 하지만 김가람은 한국에서도 운동과 공부를 병행할 수 있으며, 척박한 환경이지만 조금만 더 운동과 공부가 적절하게 균형 잡힌 정상적인 교육을 도입한다면 다재다능한 인재들을 길러 낼 수 있다는 것을 보여 주는 사례다.

하루에 12시간씩, 반년이나 지속된 수학과의 전쟁

김가람의 아버지는 아마추어와 프로에서 뛰어난 지도력을 발휘하며 안정환^{당시 아주대}과 박지성^{명지대} 등을 키워 낸 명감독 김희태 씨다. 유년 시절부터 축구와는 도저히 떨어지려야 떨어질 수 없는 삶이었다. 그는 서울 영희초등학교 4학년 때 축구를 시작했다. 매주 두세 번씩 아버지가 지도하는 팀에 가서 공을 찼다. 집에 오거나 아버지가 만나는 이들의 대부분은 축구와 관련된 사람들이었다. 초등학교 팀의 주전 공격수를 맡으면서 두각을 나타냈고, 전국에서 50명을 뽑아 축구 유학을 보내는 U-13^{13세 이하} 대표로 선발됐다는 비공식적인 통보를 받기도 했다. 하지만 김가람은 오히려 축구를 그만뒀다. 스타플레이어 출신으로 축구계에 폭넓은 인맥을 지닌 아버지 덕분에 실력 이상으로 평가받고 선발된 것이라는 시선에 대한 부담 때문이었다. 그는 어린 마음에도 자신이 경기하는 상대 팀 코치, 심판까지 자신이 누구 아들이라는 사실을 아는 분위기가 싫었다. 실력이 아니라 아버지의 후광으로 선수 생활을 하는 건 아닌가 싶었다. 그래서 이렇게 운동할 바엔 차라리 공부를 하는 게 낫겠다고 결심했다.

평범한 학생으로 돌아가 가원중학교를 다니던 김가람에게 다시 축구 욕심이 생겼다. 그래서 당시 막 축구부가 생긴 수서중학교로 전학을 가 선수 생활을 이어 갔다. 초등학교 때 함께 축구를 했던 친구들과 함께 수서중으로 모였다. 신생 팀인 수서중은 지역 대회에서도 변변한 성적을 내지 못했다. 하지만 중학교 시절 키가 30센티미터나 훌쩍 자랐던 김가람은 팀의 주전으로 활약했다.

김가람 역시 초·중학교에서는 대부분의 축구 선수들과 비슷한 생활을 했다. 훈련과 대회 출전 때문에 수업을 빠지는 일이 잦았고, 합숙을 하느라 방과 후에 책을 들여다볼 시간도 적었다. 그런 그가 공부의 기초를 쌓을 수 있었던 건 어머니와 우등생이었던 형 덕분이었다. 치대를 졸업한 뒤 현재 치과 의사로 일하고 있는 형은 오후에 1~2시간씩 시간을 마련해 김가람이 기초 과목을 공부할 수 있도록 가정 교사 역할을 해 주었다. 운동하느라 공부에 소홀했던 김가람이 모르는 걸 물어보면 성실하게 가르쳐 준 덕에 김가람은 축구를 하면서도 반에서 10~20등 정도의 등수를 꾸준히 유지할 수 있었다. 그는 이때를 '공부의 끈을 놓지 않았던 때'라고 한다. 초등학교와 중학교처럼 기초 중의 기초를 배우는 시기에 공부와 담을 쌓고 지냈다면 다음에 다시 공부를 하기 시작했을 때 두 배, 세 배 이상 힘들었을 것이기 때문이다.

중학교 3학년 졸업반이 되자 김가람은 축구 선수로서의 길을 계속 걸을 수 있는 학교에 갈지 아니면 일반 학생으로 다닐 학교를 갈지 두 개의 선택지를 놓고 고민했다. 그는 스스로 축구 선수로 대성할 재목은 아니라는 판단을 내리고 집 근처에 있는 중동고등학교에 진학하기로 했다.

하지만 다시 공부를 하기로 마음먹었지만 앞이 깜깜했다. 모든 과목에 자신이 없었지만 특히 수학은 어떻게 해야 할지 암담했다. 이때 그의 '공부 인생'에 가장 도움이 될 만한 사건이 벌어졌다. 형이 중학교 3학년인 김가람에게 고등학생들이 보는 수학 참고서 『수학의 정석』을 가져와서 한 문제씩 풀어 오라고 한 것이다. 정답과 풀이 과정은 모두 없애고 문제만 던져 주었다. 형은 수학은 기초가 부족한 학생에게는 가장 어려운 과목일 수 있지만 한번 원리를 알고 나면 가장 쉬운 과목이 될 수 있다고 했다. 특히 수학이라는 허들만 넘으면 다른 과목은 어려울 게 없다는 것이다.

요령 부릴 줄 아는 아이였다면 책을 한 권 더 사서 답을 알아내거나 적당히 넘어갔겠지만 김가람은 고지식하게 형이 던져 주는 문제와 씨름했다. 잘 들여다보지도 않던 중학교 수학책에서 집합의 개념부터 다시 이해하고, 기초 수준의 문제를 푼 뒤에 다시 형이 준 문제를 푸는 방법을 스스로 찾아내는 과정이 반복되었다. 무려 6개월 동안 하루 12시간씩 수학 공부만 하면서 정석 한 권을 풀어냈다. 이런 문제 풀이 과정이 축구로 치면 기본기를 철저히 마스터하는 과정에 해당한다. 볼 트래핑과 패스를 실수하는 펠레나 마라도나를 상상할 수 있겠는가. 이 과정이 결국 로 스쿨까지 갈 수 있는 지적 능력을 키워 준 힘이었다.

　형은 늘 스스로 생각해서 문제 해결 방법을 알아내라고 했다. 김가람은 축구를 하면서도 밥을 먹으면서도 수학 문제 풀이 과정을 생각했다. 하루 종일 머리를 굴려도 답을 구하지 못할 때도 있었다. 하지만 이런 경험들이 나중에 다른 공부를 할 때도 도움이 되었다.

▶ 김가람은 국제 무대에서 한국 스포츠의 위상을 높이는 데 도움이 되고 싶어 로 스쿨 진학을 선택했다.

　김가람은 고등학교 1학년 1학기 기말고시에서 550명의 전교생 가운데 30등을 했다. 그가 다니던 중동고등학교는 한 해에 서울대, 연대, 고대에 수십 명씩 보내는 학교였다. 거기서 30등을 했으니 대단한 성적이었다. 당시 고등학교 3학년과 함께 응시한 대학 수학 능력 시험 모의고사에서 서울대 체육교육과에 합격할 수 있는 점수를 받기도 하였다. 그때 아버지 김희태 감독은 그 정도면 다시 축구를 해 보는 게 어떻겠느냐고 제안했다. 지금 성적으로도 원하는 서울대 체육교육과에 진학할 수 있으니 다시 축구의 가능성을 타진해 보자는 이야기였다. 김가람도 축구에 대한 욕심이 다시 생겼다. 그리고 그는 중학교 시절 자신에게 입학 제의를 했던 서울체육고등학교로 전학을 갔다. 학교 축구부 선수로 뛰면서 공부를 등한시하지 않았고, 우수한 성적으로 서울대 체육교육과에 입학했다. 대학 진학 때에는 다른 학과를 지원해 볼까도 생각했지만 어렸을 때 운동선수를 해 본 경험을 살려 스포츠 관련 일을 해야겠다고 마음먹었다.

그는 서울대학교에서도 축구 선수로 뛰었다. 4학년 재학 중 춘계 연맹전에서는 축구 강팀 연세대와의 경기에서 득점을 성공하기도 했다. 김가람은 체육교육 이외에 심리학을 복수 전공하면서 공부 경험도 폭을 넓혀 갔다.

처음부터 축구 잘하는 선수란 없다

김가람이 로 스쿨에 진학하겠다고 마음먹은 것은 한국 스포츠가 국제 무대에서 오심 판정이나 절차상의 불이익을 당하고도 제대로 항변조차 하지 못하는 것을 보면서다. 2004년 아테네 올림픽에서는 체조 금메달의 영웅이 됐어야 할 양태영이 오심 때문에 비운의 주인공이 되는 모습을 보고 충격을 받기도 했다. 스포츠 사법재판소까지 갔지만 초기 대응 미숙으로 결국 결과는 달라지지 않았다. 어렸을 때부터 운동을 했던 자신이 법을 익혀서 국제 무대에서 한국 스포츠의 위상을 높이고 싶다는 생각이 들었던 것이다.

2011년 법대를 졸업한 학생도 들어가기 어렵다는 성균관대 로 스쿨에 진학하면서 화제를 모았지만 막상 입학해 보니 공부를 따라가기는 쉽지 않았다. 법전은 대부분 한자어로 이뤄졌는데 기초적인 한자 외에는 읽을 수조차 없었다. 법률 용어도 제대로 모르는 김가람은 1학년 때는 기초 과목을 재수강할 정도로 고전했다. 밤에는 시험 걱정으로 잠을 제대로 이루지 못하는 날이 계속되었다. 백지 답안지를 내는 악몽에 시달리는 등 학업 스트레스는 컸다. 정말 가만히 있어도 눈물이 날 정도였다. 하지만 2학년이 되면서 재수강한 과목을 중간고사에서 전체 1등을 할 정도로 빠르게 적응했다. 법학에 관한 기초 상식이 백지에 가까웠던 김가람이 공부에서도 파이팅을 보여 준 것은 '축구 선수 정신'이었다. '처음부터 축구 잘하는 선수는 없다. 그러니까 훈련을 하는 것이다. 안 되면 될 때까지 하자'는 마음이었다.

    김가람은 솔직히 말했다. 운동하다 보면 두드려 맞기도 하고 벌로 뺑뺑이를 돌기도 한다. 도저히 말도 안 될 정도로 혹독한 체력 훈련을 받기도 한다. 하지만 고비를 하나씩 넘고 나면 몸은 점점 더 강해지고 예전에는 상상도 할 수 없을 것 같은 훈련이나 격렬한 경기를 소화하게 된다. 법률 공부는 새롭게 시작하는 것이니까 잘 모르는 게 당연하다. 잘할 때까지 하면 된다. 축구 선수도 했는데 공부라고 못할 것도 없다는 생각으로 달려들었다. 이런 치열함을 그는 축구를 통해 깨달았다고 했다.

공부와 운동이 조화를 이루는
축구 센터

　　　　　　　　　　그가 이렇게 성장할 수 있었던 배경에는 아버지 김희태 감독의 영향이 크다. 김희태 감독은 2002년 운동과 공부를 함께 하는 선수를 키우자는 목표로 경기도 포천에 '김희태 축구 센터'를 세웠다. 김희태 감독은 프로와 대학에서 지도자 생활을 하면서 유소년 때 축구의 기본을 제대로 가르치지 않으면 제대로 된 선수를 길러 내기 힘들다는 것을 경험으로 체득했다. 기초가 잘못돼 있는 선수는 아무리 열심히 가르쳐도 더 이상 발전이 어렵다는 사실을 깨달은 것이다.

　축구 센터는 독특하게 운영된다. 학교는 주변의 일반 초등학교와 중학교, 고등학교를 다니고, 김희태 축구 센터에서는 축구를 가르친다. 하지만 공부에 대한 끈을 놓지 않도록 저녁에는 가정 교사들을 초빙해 부족한 수업을 따라가게 한다. 선수가 자신이 부족하다고 느끼는 과목을 들으면 된다. 학생이 학업 성적이 오르면 용돈도 주고, 일정한 등수 이상이 되면 장학금을 준다. 그래서인지 김희태 축구 센터 출신들의 진로는 다양하다.

　초등학교 1~5학년 때까지 김희태 센터에서 축구를 배운 이승우는 바르셀로나 유소년 팀에서 뛰고 있다. 이승우는 '메모리얼 가에타노 시레아 2012'에서 바르셀로나를 우승으로 이끌며 MVP와 득점왕을 차지하기도 했다. 또 2012년 7월에는 이근호가 일본 프로 축구인 J 리그 오미야에 입단했다. 반면 중학교 1학년부터 고등학교 2학년까지 축구 선수로 활약했던 임성열은 뉴욕 주립 대학교에서 경영학을 전공하고 있다.

김가람의 경험 상당수도 이 센터의 운영 노하우에 녹아 있다. 이곳에서 축구하는 학생들은 기본적으로 반에서 상위권에 드는 학생이 많다. 시험 때면 훈련한 뒤 밤새 공부하기도 한다. 그렇기 때문에 운동을 중간에 그만두더라도 공부를 충분히 따라갈 수 있고 자신이 원하는 공부를 대학에서 계속할 수도 있다.

운동선수 '라서' 더 잘할 수 있다

김가람은 초등학교 때부터 운동을 하면서도 공부를 강조하는 부모님 덕분에 아예 공부에서 손을 놓은 적은 없었다. 그는 운동부 학생들이 언제든 다시 공부를 하면 일반 학생들처럼 공부를 따라갈 수 있다는 확신을 갖고 있다.

고등학교 2학년 때까지 배드민턴만 하던 친구가 있었다. 수능 모의고사를 보면 400점 만점에 100점을 맞았다. 거의 아무것도 모른 채 찍으면 나오는 점수였다. 그런데 1년 반 동안 공부에 전념해 맞은 점수가

310점이었다. 친구인 김가람의 경험, 서울체고 선생님들의 적극적인 지원, 무엇보다도 본인의 공부에 대한 불같은 투지가 원동력이었다. 그 친구는 연세대학교 사회체육과에 진학했다.

운동만 하던 친구들도 공부를 하면 일반 학생들과 다름없이 해낼 수 있다는 경험 때문인지 김가람은 우리 사회의 학교 시스템이 근본적으로 바뀌길 희망한다.

한국의 엘리트 스포츠 선수들 대부분 청소년기부터 일반 학생들과 학력 차이가 나기 시작한다. 요즘 운동부 학생들은 수업을 빠지지 않도록 제도적인 장치가 보완되면서 운동하는 학생들을 별도 반으로 편성해 수업을 하는 경우도 늘고 있다. 학생들의 능력에 맞게 수업을 하는 것이다. 고등학교라도 중학교 영어 교과서로 가르치거나 수학 중에서도 운동과 밀접한 분야를 끌어와 흥미를 돋우는 방식이다. 일반 학생들과 학력 차이가 있기 때문에 적절한 방법이라는 견해도 있다.

김가람의 경험을 종합해 보면 다른 대안도 제시할 수 있다. 미국이나 유럽에서처럼 학생이 운동만 하는 것이 거의 불가능하도록 제도를 바꾸는 것이다. 또 하나는 교육 방법을 바꾸는 것이다. 한국은 상당 부분 주입식 교육으로 이루어지는 것이 특징이다. 한국에서 수학을 못하던 학생이 미국에 가면 우등생이 될 정도로 교과 수준도 높다. 미국 대학에서나 가르칠 법한 내용들을 고등학교에서 가르치기도 한다. 그렇다고 한국의 수학이나 다른 학문 분야 수준이 미국보다 높은 것도 아니다. 문제 풀이 과정을 외우는 게 아니라 문제를 논리적으로 풀어 가는 능력을 기르는 방법, 합리적 토론을 통해 의견을 모아 가는 능력, 자신의 생각을 문장으로 표현하는 능력을 중시하는 교육 방법으로의 전환이 필요한 시점이다.

김가람은 우리 중·고등학교 교육이 지식 자체가 아니라 지식을 효과적으로 습득할 수 있는 방법을 배우는 데 중점을 둔다면 운동부 학생이나 일반 학생이나 큰 차이가 없을 것이라는 생각을 가지고 있다.

김가람은 또 운동을 하는 후배들에게 적어도 매일 겪었던 일을 일기로 쓰는 습관을 들이라는 조언을 한다. 자신의 생각을 표현하는 방법을 매일 익히는 것이다. 그는 고등학교 시절 학교 축구부 감독의 권유로 일기를 쓰기 시작했다. 일기를 쓰다 보면 글 쓰는 게 두렵지 않게 되고, 자신이 궁금한 점을 글로 정리하고 쓰기 시작할 수 있다. '제대로 된 글'을 쓰기 위해서는 공부가 필요하다. 자신이 내세우는 주장의 근거를 대기 위해 자료를 찾고, 자신의 생각을 다시 한 번 검증하는 과정을 훈련할 수 있다.

이런 지적 트레이닝 과정이 정말로 중요하다. 김가람은 "시험에 나오는 지식이나 이런 부분은 나중에 정말 독하게 하면 다 익힐 수 있다"고 말했다.

실제로 김가람도 수학이나 영어 같은 과목을 배우면서 애를 먹었다. 학창 시절 영어 공부를 했다고 생각했는데 토익을 치면 점수는 300점대에 불과했다. 곱셈이나 덧셈도 잘 못해 문제를 풀지 못했던 때도 있었다. 하지만 지금은 토익 점수가 960점이 넘고, 수학은 대입 수능에서 만점에 가까운 점수를 받았다.

운동선수라도 공부의 기본기가 돼 있다면 언제든 충분히 따라갈 수 있다. 더 힘든 훈련도 묵묵히 견뎌 가면서 하는데 공부도 여건만 갖춰지면 할 수 있다. 그렇게 힘든 축구 선수도 했는데 못할 게 뭐 있겠는가. 운동선수 출신인 김가람만큼 운동선수에 대한 믿음이 투철한 사람을 본 적이 없다.

그는 팀 스포츠인 축구를 통해 배운 가치관도 뚜렷했다.

"빨리 가려면 혼자 가고 멀리 가려면 함께 가라는 말이 있다. 다른 사람의 도움 없이 스스로의 힘만으로 세상을 살아가는 것은 그 어려움은 별도로 하더라도 너무나 외롭고 서글픈 일이다."

김가람은 이용수 세종대 교수KBS 축구 해설 위원을 좋아한다. 서울체고와 서울대 체육교육과 선배로서 축구 선수 출신도 치밀한 분석력과 논리력을 갖출 수 있다는 것을 보여 줬다는 점에서 큰 동기 부여가 됐다고 한다. 박지성은 아버지가 명지대 대학 감독이던 시절부터 보았다. 무명의 선수가 세계 최고 스타로 성장하는 과정을 바로 옆에서 지켜본 것만으로도 큰 자극이 됐다. 함께 컴퓨터 게임도 자주 했다. 한결같은 겸손함과 꾸준함을 보며 많은 점을 느낄 수 있었다.

운동선수는
어떻게 공부해야 할까?

　　　　　　　　　　일반적으로 건축물을 시공할 때 기초 공사를 한 후 기둥을 세우고 벽과 보를 설치한 다음 바닥판 공사를 한다. 해당 시기에 주어진 과제를 이수하지 못하면 그다음 단계로 나아가기 힘들다. 선행 단계를 생략한 채 무리하게 일을 진행하면 부실 공사로 이어진다. 어느 정도 일을 진행한 후 뒤늦게 기초의 중요성을 깨닫고 처음부터 다시 단계를 밟아 나가려면 처음부터 제대로 한 것보다 시간과 노력이 배 이상 든다. 반면 안정적인 기초가 마련되어 있으면 그를 바탕으로 좋은 결과물을 만들어 낼 수 있다.

　김가람은 유소년 시절부터 운동부에 속한 선수에게는 해당 연령에 맞는 과제를 스스로 부여하여 이를 해결해 나가는 매니지먼트 능력과 실행력이 요구된다고 생각한다.

　기본적으로 논리력과 사고력을 키우는 것이 가장 중요하다. 유명 일간지의 활자 기사를 읽고 요약하는 습관이 큰 도움이 된다. 활자 신문은 분야와 중요도에 따라 이미 편집을 거쳤기 때문에 효율적으로 배경지식을 쌓을 수 있다는 장점이 있다. 초등학생 때부터 유소년 선수들이 관심을 가질 만한 스포츠 기사와 칼럼 등을 중심으로 하여 신문에 익숙해질 수 있다면, 성장하면서 점차 사회, 경제, 정치, 문화 등 다른 분야에 대해서도 관심을 갖기에 유용한 환경이 조성될 수 있다. 특히 고등학교에 진학한 이후 주요 일간지의 사설을 읽으며 주장의 요지를 파악하고 이에 대한 근거를 분석하며, 타당성을 사고해 보는 과정은 논리력 향상에 큰 도움이 된다.

일기를 작성하는 습관은 다방면에 큰 도움이 된다. 글을 쓰다 보면 자연히 생각을 많이 하게 되고 그러한 생각을 정리하는 시간을 가질 수 있다. 단순히 하루하루를 기록하기보다 축구 선수로서 자신이 받은 훈련 내용을 분석하고 그에 대한 감상과 효과를 생각해 보는 것이 중요하다. 이런 습관은 선수에게도 큰 자산이 될 뿐만 아니라, 향후 다른 일을 할 때 그 일을 빨리 습득하거나, 그 일에 보다 빨리 적응할 수 있는 능력을 키우는 데 큰 도움이 된다. 특히 3년 단위, 1년 단위, 계절 단위, 한 달 단위, 일주일 단위, 하루 단위로 목표를 세워 보고 그 달성 여부와 원인을 분석하는 과정이 특히 도움된다.

외국어에 친숙해지는 것은 유소년 시절에 그 효과를 극대화할 수 있다. 한 나라의 언어를 완벽하게 할 수 있으면 좋겠지만 그것이 불가능하다면 알파벳을 사용하는 영어, 스페인어의 일상 회화 등을 공부해 두면 좋을 것이다. 일본어나 한자를 공부하여 단어를 원어로 읽고 그 의미만이라도 기억할 수 있다면 추후에 큰 도움이 된다. 김가람은 각 나라의 축구 잡지 등을 활용하는 것도 좋은 방법이 된다고 말한다.

역사, 지리, 과학 등 각 분야에 기초를 재미있게 풀이해 놓은 책을 읽는 것도 일반 상식을 풍부하게 하는 데 큰 도움이 된다. 교양 만화책을 활용하는 것도 좋다. 김가람에게는 국사나 세계사를 소재로 한 학습 만화, 『먼 나라 이웃나라』, 위인전, 『논리야 놀자』 등 재미있는 책들을 꾸준히 읽었던 것이 큰 도움이 됐다.

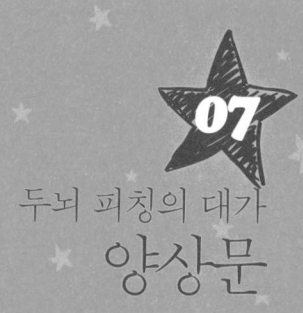

두뇌 피칭의 대가
양상문

1961년 부산에서 태어난 양상문은 부산고등학교와 고려대학교를 졸업했다. 부산고 3학년이던 1978년 팀의 에이스로 전국 고교 선수권 대회 청룡기 등 전국 대회 삼관왕을 이뤄 내면서 '제2의 최동원'이라고 불렸다. 고려대와 한국 화장품에서 뛸 때는 선동열과 한국 아마 야구 최고의 '좌우완 콤비'로 평가받았다. 1985년 프로 야구 선수로는 최초로 고려대 교육 대학원에서 체육교육학 석사 학위를 받았다. 어깨 부상으로 아마추어 때와 같은 활약을 보이지 못했으나 1985~1993년 프로 야구 롯데 자이언츠·청보 핀토스·태평양 돌핀스에서 뛰면서 통산 63승을 거뒀다. 선수 시절부터 해외 야구 이론서를 섭렵하던 양상문은 은퇴 후 투수 코치로 활약했다. 2004년부터 2년간 롯데 자이언츠 감독을 지냈으며 2009년 WBC 국가 대표 팀 투수 코치에 이어 2013년 WBC 투수 코치 겸 수석 코치를 맡고 있다. MBC 스포츠 플러스 야구 해설 위원도 맡고 있다.

프로 야구는 2012년 사상 처음으로 700만 관중을 돌파하며 황금기를 누리고 있다. 2013년에는 NC 나이노스가 가세하면서 처음으로 9개 구단 체제로 운영되고 제10 구단 창단도 승인되어 2015년에 10개 구단 체제가 들어서게 된다.

황금시대를 맞이한 프로 야구

1982년 출범한 프로 야구는 불과 10여 년 전까지만 해도 미국 메이저 리그와 일본 프로 야구에 관심을 빼앗겨 5년 연속 2000~2004년 200만 명대 관중에 그쳤다. 하지만 2006년과

2009년 연속으로 월드 베이스볼 클래식WBC에서 선전을 펼치고 2008년 베이징 올림픽에서 금메달을 따내며 단숨에 국민의 사랑을 되찾았다. 국제 무대에서의 뛰어난 성적과 함께 당시 활약을 펼쳤던 이대호, 류현진, 김광현 등이 스타로 떠오르고 참신한 마케팅 아이디어로 무장한 적극적인 구단이 등장하면서 여성과 어린이 팬이 급격히 불어났다. 프로 야구는 이 같은 호재가 겹치면서 단기간에 국내 최고 인기 스포츠로 자리 잡았다. 하지만 스포츠에서도 급격한 쏠림 현상이 특징인 국내 현실을 감안해 보면 이처럼 황금기를 누리고 있을 때 제대로 미래를 준비하고 설계하지 못하면 언제 다시 침체기에 빠져들지 모른다고 우려하는 목소리도 높다.

전 롯데 감독인 양상문 MBC 스포츠 플러스 야구 해설 위원은 팬들의 기대에 부응할 수 있는 실력 있고 품성이 좋은 선수들을 계속 키워내지 못한다면 출범 30여 년 만에 어렵게 이룩한 프로 야구의 성과가 몇 년 가지 못하고 물거품처럼 사라질 수도 있다는 위기의식을 가져야 한다고 목소리를 높이고 있다. 프로 야구는 거칠 것 없이 매년 관중 기록을 돌파하며 흥행에 성공하고 있지만 초·중·고교 팀이 그에 걸맞는 수준으로 늘지 않는 기형적인 구조. 일본의 고교 야구팀이 4,000개 엘리트 선수 중심으로 운영되는 학교는 200개인데 반해 한국은 60개 학교에 불과하다. 프로 야구 구단도 모기업의 재정적인 지원에 기대지 않고 팬들의 인기와 흥행, 마케팅으로 독자 생존할 수 있는 길을 모색하지 않는다면 진정한 프로라고 할 수 없다.

양상문 전 롯데 감독은 보다 많은 학교 팀 창단이 가능하도록 지나치게 엘리트 스포츠에 초점을 맞춘 현재의 시스템을 바꿔서 더 많은 청소년들이 어려서부터 야구를 즐길 수 있도록 해야 한다고 진단한다. '리틀 야구'처럼 방과 후 저녁에 운동하는 팀들을 늘리고 중고교 팀들의 야구부 진입 장벽을 낮춰 관심 있는 학생들이 야구부 활동을 할 수 있도록 해야 한다는 이야기다. 특히 공부와 운동을 자연스럽게 병행하는 야구팀 운영으로 선수들이 어려서부터 올바른 인성과 지적 능력을 갖출 수 있어야 팬들의 기대에 걸맞은 수준의 프로 선수들을 길러 낼 수 있다.

스타 신수에서 코치와 감독, 그리고 다시 해설 위원까지

고교 야구 인기가 하늘을 찌르던 1970년대 초고교급 스타 선수로 각광받았던 양상문 전 롯데 감독이 선수와 지도자, 텔레비전 야구 해설 위원 등 지금까지 걸어 온 다양한 인생 경험은 앞으로 야구를 지망하는 청소년들에게 많은 영감을 주고 있다.

양상문은 전설적인 투수 최동원의 2년 후배다. 최동원이 경남고 에이스로 있던 시절, 경남고의 맞수 부산고에는 좌완 에이스 양상문이 있었다. 시속 140킬로미터대의 강속구를 던지던 양상문은 1978년 부산고를 3관왕으로 이끈 뒤 고려대학교와 실업 야구팀인 한국 화장품을 거쳐 1985년 드디어 꿈에 그리던 롯데 자이언츠에 입단해 선배 최동원과 함께 뛰었다.

하지만 '제2의 최동원'으로 기대를 모았던 양상문은 아마추어 시절 지나친 등판으로 어깨 부상을 입고 더 이상 강속구를 던질 수 없는 상태로 프로가 됐다.

데뷔 첫해 6승 3패 4세이브를 기록한 양상문은 1986년 단 1승이라는 초라한 성적을 남기고 1987년 청보 돌핀스로 이적됐다.

당시 만년 꼴찌 팀으로 통하던 청보는 무실점이면 이기고, 2점만 내줘도 진다는 소리를 들을 정도로 전력이 빈약했다. 하지만 양상문은 절묘한 컨트롤과 볼 배합을 앞세운 두뇌 피칭으로 재기에 성공했다.

메이저 리그에서 24년간 21시즌을 뛰며 363승 245패 방어율 3.09을 거둔 전설적인 좌완 워렌 스판 Warren Spahn은 '타격은 타이밍, 피칭은 타이밍 빼앗기 Hitting is timing. Pitching is upsetting timing'라는 명언을 남겼다. 1921년생인 스판은 2차 대전 참전 용사로 3년간 군 복무를 하면서도 메이저 리그 역사에 남는 대기록을 남겼다. 스판은 군 복무 기간 동안 도전 정신을 배웠으며 무엇이 중요하고 중요하지 않은지를 깨닫게 됐다고 밝혔다. 좀 더 많은 생각을 할 수 있게 된 후 메이저 리그 생활을 시작한 것이 롱런에 도움이 됐다는 이야기였다.

두뇌 피칭의 달인이었던 스판은 단순히 빠르고 위력적인 공을 던지는 게 아니라 끊임없이 타자와 수 싸움을 벌여 타이밍을 뺏어야 이길 수 있다는 철학을 갖고 있었다.

양상문은 프로 야구 현역 시절 스판의 말에 딱 들어맞는 투수였다. 부산고와 고려대 시절 무리한 등판으로 시속 140킬로미터가 넘는 강속구는 잃었지만 타자와의 수 싸움에서 앞서는 영리한 투구로 프로에서 장수했다. 양상문은 1985년부터 1993년까지 롯데 자이언츠와 청보 핀토스·태평양 돌핀스에서 뛰면서 통산 63승을 거뒀다. 통산 평균 자책점도 3.59로 양호한 편이었다. 약체 팀에 있으면서도 당시 무적으로 통하던 해태 타이거즈의 '무등산 폭격기' 선동열과 맞대결을 벌여 완투 승을 거둔 일은 지금도 전설로 통한다.

타고난 강속구는 잃었지만
공부로 만든 두뇌 피칭

양상문의 두뇌 피칭은 타고난 야구 재능에서 나온 게 아니다. 자신의 투구와 각종 자료를 보면서 꾸준히 연구했기 때문에 가능한 것이었다. 그는 현역 시절 고려대 교육 대학원에서 석사 학위를 받아 '한국 프로 야구 선수 출신 1호 석사'라는 이력을 갖고 있다.

그의 경험을 보면 운동선수로 성장하기 위해서도 공부는 소중한 것이다. 운동을 더 잘하기 위해서는 지식을 습득하는 법을 배워야 한다. 물리나 수학을 배우는 게 운동선수에게 큰 의미가 없을 수도 있지만 원리를 이해하기 위해 책을 보고 연구하고, 그걸 바탕으로 자기 스스로 생각하는 과정이야말로 공부가 주는 가장 큰 효과다.

양상문은 초등학교 3학년 때 야구를 시작했다. 그는 학창 시절 여느 야구 선수들과 달리 매일 아침 조회 시간에 빠지지 않았다. 수업 시간에도 엎드려 자는 게 아니라 교사가 가르치는 걸 배우려고 애썼다. 일반 학생들처럼 책상에 앉아서 영어 단어를 외고 국어 책과 국사 책을 읽었다. 보통 오후 2시에 경기가 있으면 곧바로 야구장으로 가는 학생들이 대부분이었지만 그는 오전 7시 30분까지 학교에 가서 수업을 들은 뒤에야 경기를 하러 갔다. 어머니는 야구를 하더라도 무조건 학교에서 수업은 들어야 한다고 했고, 양상문은 그 약속을 철저하게 지켰다.

하루는 오전에 야구만 하고 집에 일찍 들어가자 어머니가 양상문의 손을 끌고 학교로 다시 데려간 적도 있었다.

본격적인 선수 생활을 했던 중·고등학교 때도 그런 생활은 이어졌다. 양상문이 다녔던 동성중학교와 부산고등학교의 교사들은 그런 양상문을 귀여워했고, 하나라도 더 가르쳐 주고 싶어 했다. 학교 선생님들은 운동선수라고 아무것도 안 시키는 게 아니라 수업 시간에 일어서서 영어 책을 읽어 보라고도 했다. 평소에 꾸준히 영어 공부를 하던 그는 다른 학생들이 놀랄 정도로 좋은 발음으로 영어 책을 읽어 내려가

곤 했다. 방학 때는 대학에서 따로 특강을 매년 여름과 겨울 두 차례씩 듣기도 했다.

중고등학교 때 일반 학생들과 함께 시험을 보아도 중위권에는 들 수 있었던 그는 공부의 기초를 갖추고, 교실 의자에 엉덩이를 붙이고 앉아 있는 습관만큼은 제대로 익혔다고 했다.

1970년대 고교 야구가 최고의 인기를 구가하던 시절 양상문은 부산고 에이스로 이름을 날렸다. 그가 다녔던 부산고는 1978년 대통령배와 청룡기, 화랑기를 휩쓸면서 3관왕을 달성했다. 금테 안경을 끼고 마운드에 오르는 걸로 유명했던 그는 3개 대회 결승에서 모두 완봉승을 거두면서 일약 스타덤에 올랐다. 당시 정부에서는 선수들의 혹사를 막기 위해 연간 출전 대회를 세 차례로 제한했는데, 부산고는 출전한 3개 대회에서 모두 우승한 것이다.

야구계에선 그를 "경남고 출신 최동원을 뛰어넘을 수도 있는 부산의 에이스"라고 평가하기도 했다.

부산고 후배들도 공부도 하면서 어떻게 야구도 잘할 수 있을까 궁금해했다. 양상문은 대학 갈 때 본고사를 봤는데 수학 문제가 3개 나왔는데, 정답인지 모르겠지만 그걸 하나 풀었다고 했다. 중학교 때 배운 인수 분해를 이용해서 푼 것이다. 완봉승을 거둘 때만큼이나 뿌듯했다.

▶ 2011년 11월 13일 부산 사직구장에서 부산고와 경남고의 부산야구 라이벌 빅매치가 두 학교 출신 전현직 프로 야구 선수와 대학 야구 선수, 현재 재학 중인 고교 선수가 참여한 가운데 열렸다. 부산고 출신 양상문 전 감독이 투수로 나와 공을 던지고 있다. 양상문 전 감독은 현역 시절 강속구는 없었지만 꾸준한 공부로 두뇌 피칭을 선보였다.

양상문의 바이블,
놀란 라이언의 『피칭 바이블』

고교 야구의 빛나는 별이었던 그는 고려대와 한국 화장품에서 뛰면서 선동열과 함께 '한국 아마 야구 최고의 좌우완'으로 불렸다. 하지만 학창 시절 부상 관리를 제대로 하지 못하고 실업 무대에서 혹사당하면서 주무기였던 빠른 볼을 잃었고, 프로에서 부진하게 출발했다.

대학교 1학년, 국가 대표로 선발이 되어 동계 훈련을 하는데 웨이트 트레이닝을 하다 어깨를 다쳤다. 하필 왼팔을 다쳐 팔을 제대로 들지도 못할 정도였다. 당연히 공을 잡을 수도 없었다. 그 부상을 안고 계속 경기에 나간 후유증으로 프로에서 두각을 나타내지 못한 아쉬움이 지금도 남아 있다.

그래도 그는 좌절하지 않았다. 당시로는 생소했던 해외의 야구 서적을 혼자 보면서 자신만의 무기를 만들려고 노력했다. 그는 외국에 나갈 일이 있으면 서점에 들러 야구 서적을 사 왔고, 그 책을 읽기 위해 영어와 일본어를 따로 공부하기도 했다.

미국 메이저 리그의 강속구 투수였던 놀란 라이언의 『피칭 바이블』을 읽었던 기억은 지금도 새롭다. 원서를 보기 위해 다시 영어를 배웠고, 아침에 일어나 라디오와 텔레비전에서 하는 영어 회화 강의를 빼놓지 않고 듣고 보았다.

원서를 읽으면서 막연히 경험으로 알고 있었던 게 정리되는 느낌이 들었다. 선수가 그러고 다니니까 주위에선 '저 놈 튀려고 저러는 거 아니냐'는 삐딱한 시선으로 바라보기도 했다. 그런데 결국 꾸준히 원서를 보면서 이론을 습득해 나간 것이 공을 던질 때 도움이 됐고 재기의 돌파구를 마련할 수 있었다.

그는 대학원 석사 논문 심사에서 두 번이나 떨어졌는데도 다시 도전해 결국 석사 학위를 받았다. 당시 지도 교수님이 군입대를 늦출 수 있어서 온 것이냐고 묻기에, 그건 아니라고 말했다. 첫 논문 심사 때 오자가 이렇게 많은 게 무슨 논문이냐는 꾸짖음을 듣고 진짜 이를 악물고 파고들었다. 그래서 1년 늦게 대학원을 졸업하긴 했지만 양상문의 논문에는 틀린 글자가 하나도 없었다.

그는 유니폼을 벗은 후 투수 코치로 활약했다. 롯데 자이언츠 투수 코치, LG 트윈스 투수 코치 등을 거치면서 지도력을 인정받고 지난 2004년부터 두 시즌 동안 롯데 자이언츠의 감독을 역임했다. 2005년에는 이대호, 강민호, 장원준 등의 신예를 발굴해 만년 꼴찌 팀이었던 롯데를 5위까지 끌어올렸다. 그렇지만 그는 롯데 구단과 재계약을 하지 못했다. 조금만 더 하면 되겠다는 자신감을 느끼던 시절이어서 개인적으로는 큰 아쉬움이 남았다.

투수 육성에 일가견이 있는 그는 2006년 도하 아시안 게임과 2009년 WBC에서 한국 국가 대표 팀의 투수 코치를 지내기도 했다. 2009년 롯데 2군 감독, 2010년 롯데 1군 투수 코치 등을 맡았다.

  논리와 분석력을 갖춘 그는 프로 팀이나 대표 팀에서 지도자 생활을 하지 않을 때는 신문과 방송의 해설 위원이나 전문가 분석 코너를 맡아 운영했다. 2013년 WBC 투수 코치이자 수석 코치직도 맡았다.

  그는 현재 현역으로 그라운드를 누비는 선수들과 학교에서 야구를 하는 후배들이 끊임없이 공부하고 연구하는 습관을 길러야 한다고 믿고 있다. 선수 시절뿐 아니라 지도자로 활동할 때도 큰 도움이 되기 때문이다. 선수보다도 잘 모르면서 가르칠 수는 없는 법이다. 지도자가 스스로 야구 이론을 정립하지 못하면 주변 사람들의 경험이나 이야기에 의존할 수밖에 없는데 그게 모두 옳은 건 아니다.

  한국 야구가 더욱 발전하기 위한 길도 야구 선수와 지도자들이 공부하고 연구하는 자세를 갖추는 데 있다는 게 그의 지론이다. 2012년 시즌 관중 수 700만을 돌파하면서 최고의 프로 스포츠로 자리 잡았지만 거기에 만족하기보단 더 높은 수준의 야구를 팬들에게 보여 주면서 다시 한 번 도약해야 한다는 것이다.

  프로 야구에 지금 가장 필요한 것은 다른 무엇보다도 선수들의 열정인지도 모른다. 인기가 오르는 만큼 선수들의 능력도 함께 올라가야 한다. 하지만 선수들의 기량이나 마인드는 미국이나 일본 같은 선진 야구에 비해선 아직 모자란다는 게 양 전 감독의 지적이다. 그 차이를 메우기 위해선 더 배우고 노력하는 것 이외엔 방법이 없는 것이다.

자율적인 선수로 키우자

그동안 박찬호·김병현 이후 고등학교를 졸업하고 미국 메이저 리그로 직행했던 유망주들이 실패했던 가장 큰 원인은 무슨 일이든 자율적으로 해낼 수 있는 능력이 부족한 때문이다.

지금 학교에서 운동하는 상당수 야구 선수들의 생활 방식으로는 밥을 먹는 것부터 시작해서 훈련하는 것까지 모두 스스로 알아서 해야 하는 미국에 가면 실패할 가능성이 높다. 자기 혼자 알아서 하는 습관이 없기 때문이다. 야구는 코치 선생님이 짜 놓은 훈련 스케줄에 따라 시키는 대로 하고, 나머지 생활은 부모님이 시키는 대로 하는 게 대부분 야구 선수들의 일과다. 그러나 미국에 가면 훈련도 알아서 해야 하고, 밥도 햄버거나 소시지 같은 걸로 때워야 할 때가 많다. 이런 환경에서 자기 혼자 살아남을 수 있는 능력과 습관이 붙어 있지 않으면 메이저 리그에서 야구 선수로 성공한다는 것은 기대할 수 없는 일이다.

이처럼 부모와 선생님, 코치 선생님이 모든 걸 알아서 해 주는 생활 방식은 꼭 야구에 국한된 문제는 아니다. 한국의 교육 시스템 자체가 자율성과 독립심을 갖춘 청소년들을 길러 내기보다는 수동적이고 타율적으로 주어진 과제를 해결하는 데만 초점을 맞추는 인간을 집단 양성한다고 볼 수 있다. 양상문 전 감독은 학교에서 스포츠를 확대하는 것이 이런 틀을 깰 수 있는 좋은 방법이라고 생각한다. 학교의 체육 시간을 더 늘려서 학생들이 자기가 좋아하는 종목을 선택해 운동할 수 있도록 하는 것이다. 학교의 운동부도 꼭 엘리트 선수들로만 채울 게 아니라 적어도 중학교 때까지는 하고 싶어 하는 아이들을 받아들여서 운영하는 것이 바람직하다. 그러다 운동이 적성에 맞으면 전문적으로 하는 것이고, 아니면 다른 길을 선택하면 된다. 스포츠를 통해 적극성을 기르고 어디까지나 자신의 선택으로 운동선수의 길을 걷도록 교육 환경을 바꿔야 한다.

또 어릴 때부터 룰을 지키고, 정정당당하게 겨루는 풍토도 정착되어야 한다. 그는 2004년 호주에서 어린이 야구 교실을 열었던 때를 지금도 잊지 못한다. 당시 30명이 넘는 호주 학생들이 참가했는데 누구 하나 자기 순서를 어기지 않고 차례차례 기다렸다가 공을 치고 던졌다. 넉넉하지 않은 시간이었기 때문에 순서가 뒤에 있었던 학생은 남들보다 기회가 적게 돌아갈 수도 있었다. 그 모습을 보며 '한국에서라면 한 번이라도 더 던지고 치겠다고 떼를 썼을 텐데' 하는 생각이 들었다. 호주의 학생들은 이미 스포츠의 기본 정신, 즉 룰을 지켜야 한다는 원칙을 깨닫고 있었다. 스포츠는 룰을 바탕으로 경기를 치른다. 룰을 지키는 자세가 몸에 배면 사회에서 어떤 일을 해도 마찬가지로 이어지는 것이다.

한국 사회가 학업 성적 이상으로 청소년들에게 강조하고 가르쳐야 하는 대목이 바로 룰을 지키는 부분이다. 정치와 경제, 사회 각 부분을 돌아보면 지위 고하를 막론하고 룰을 지키지 않고 편법을 일삼는 모습이 우리 사회의 건강함을 해치고 있다. 이를 보더라도 룰을 준수하는 스포츠 교육을 청소년기에 제대로 하는 것이 중요하다.

야구 선수, 야구 감독, 야구 해설자의 길

많은 청소년들이 야구 선수가 되고 싶어 한다. 이승엽, 이대호 같은 홈런 타자가 되고 싶고, 류현진, 김광현 같은 에이스 투수가 되고 싶어 한다. 선수와 감독, 해설가 등 야구와 관련된 다양한 직업을 경험해 본 양상문 전 감독은 이들에게 어떻게 조언할까.

프로 야구 선수가 되고 싶은 청소년이 있다면 무엇보다도 자신의 몸을 먼저 파악하는 것이 중요하다. 몸의 골격과 관절 부분, 뼈 등이 운동에 적합한지 진단을 받아 봐야 한다. 병원에 가서 엑스레이를 찍어 봐도 기본적인 것을 알 수 있다. 양상문 전 감독은 아이들이 운동에 소질이 있고, 야구를 하고 싶다고 했지만 만류했다. 사실은 야구 선수 2세로서 보이지 않는 질투와 시기, 그리고 불필요한 오해나 억측에 시달릴 것이 염려돼서였다. 그런데 큰아들이 입대 전에 발목을 다쳐서 병원에서 정밀 검진을 받아 보니 발목 관절이 지나치게 약했다. 만약 어릴 때부터 야구부 활동을 했다면, 운동 신경이 좋으니까 어느 정도 가능성을 보였겠지만 결국 가장 중요한 순간에 부상이나 다른 이유로 운동선수가 되겠다는 꿈을 접었을 가능성이 높았다. 이처럼 기본적인 관절 부분과 뼈 등에 이상이 없는지를 체크하는 게 우선이다.

또 야구 선수가 되려면 어릴 때부터 체력과 유연성을 길러야 한다. 아무리 기술이 좋아도 체력이 뒷받침되지 않는다면 아무 의미가 없다. 매일 일정한 시간 체력 훈련을 하고 인스턴트식품을 먹는 등 건강에 해로운 행동을 일절 삼가는 습관을 들여야 한다. 그리고 노는 시간에도 컴퓨터 게임 대신 체력을 기르는 것과 연관된 놀이를 하는 노력이 필요하다. 프로 선수들에게 가장 중요한 것은 체력이기 때문이다. 기술은 나이 들면서 습득이 가능하지만 체력은 어릴 때 다져 놓은 기초 체력이 가장 중요한 자산이 된다. 프로 선수들이 아무리 열심히 운동을 해도 어린 시절 체력을 유지하는 정도가 고작이다. 박찬호 선수는 거의 매일 집에서 야구장까지 10킬로미터에 달하는 거리를 뛰어다녔다. 박찬호 선수의 굵은 허벅지는 그가 메이저 리그에서도 강속구를 던지고 홈런할 수 있었던 원동력이었다.

그는 특히 야구를 잘하려면 공부를 열심히 해야 한다고 강조했다. 야구는 기본적으로 팀과 팀, 투수와 타자, 주자와 투수, 포수 간의 머리싸움 등 두뇌 게임적인 요소가 중요하다. 기계적으로 엄청난 훈련을 하고 체력이 있어도 지적인 능력이 없으면 더 이상 발전하기 힘들다. 당장 인수 분해나 적분 문제를 푸는 것은 필요가 없을지도 모른다. 그러나 기본적인 개념과 원리를 알아보는 습관은 필요하다. 책을 많이 읽는 것도 중요하다. 대부분의 스포츠, 특히 야구는 아주 미세한 디테일에서 승부가 나는 종목이다. 신체적 능력이나 동물적 감각만으로는 틀을 벗어날 수 없다. 독서를 통해서 다양한 세계를 이해하고 야구의 이론적인 틀을 갖춰야 한다.

어릴 때부터 피눈물 나는 기계적인 반복 훈련을 하면 빠르게 기술을 습득하고 성장할 수 있다. 하지만 이론을 겸비하고 이해하는 훈련이 함께 이뤄지지 않으면 체력이 조금만 떨어져도 급격한 하향 곡선을 그리게 된다. 그 결과 30대가 넘어도 꾸준히 잘하는 선수와 급격히 실력이 떨어지는 선수들로 양분되는 것이다.

기본적으로 어려서부터 머리를 쓰는 훈련이 돼 있는 선수와 그렇지 않은 선수는 배운 것을 응용하는 능력에서 큰 차이가 난다. 생각하는 습관이 배어 있는 선수는 하나를 들으면 열을 이해하고 스스로 확장해가는 능력이 있다. 그리고 이론적으로 충분한 지식을 갖고 있으면 슬럼프를 극복하는 데도 큰 도움이 된다. 나름대로 창의적인 방법을 알아내고, 자신의 마음을 다스리는 길과 방법을 더 효율적으로 찾아낸다.

코치와 감독을 하면서 양 전 감독은 가장 중요한 지도자의 자질이란 남의 말을 잘 들을 줄 알아야 하는 것이라는 사실을 깨달았다. 기본적으로 감독은 선수가 자신의 기량을 충분히 발휘할 수 있도록 도와줘야 하는 입장이다. 지도자는 제자나 후배라도 남의 말을 많이 듣고, 자신의 말은 적게 하는 게 제1의 덕목이다. 지도자는 마음과 마음을 공유해야 한다. 일방적인 지도 방식은 오래갈 수 없다. 자신만의 노하우를 가지고 자신의 기량만 펼쳐도 충분한 선수와는 다른 입장이 된다. 결국 남의 말에 귀를 기울이고, 그것을 이해한 후에 적절한 조언이나 처방을 내려줄 줄 알아야 한다. 그러기 위해서는 인간관계가 중요하고, 스스로 이론적 틀을 갖추고 있어야 한다.

감독은 무엇보다 열정이 있어야 한다. 고등학교 때 대표 팀 코치로 처음 만나 프로에서도 인연을 이어 온 김성근 고양 원더스 감독의 야구에 대한 열정은 존경하고 배워야 한다는 생각이다. 이제 프로 야구도 분야별로 분업화가 돼서 감독 독단으로 할 수 있는 일은 거의 없다. 코치에게 역할을 나눠 주고 그 결과를 하나로 모아서 팀의 역량으로 삼을 줄 알아야 한다. 그러기 위해서라도 많은 경험과 독서, 늘 연구하는 자세가 필요하다.

프로 야구 해설을 하면서 양상문 전 감독은 많이 배운다고 했다. 제삼자의 입장에서 보면 확실히 경기가 더 잘 보이기 때문이다. 해설은 화면을 보고 바로 그 상황을 해석하고 설명하는 능력이 필요하다. 적절하면서도 쉬운 단어를 선택하고, 가급적 안정적인 문장을 사용해서 시청자들이 편안하게 들을 수 있도록 해야 한다. 그는 선수와 코치, 감독을 경험한 입장에서 그 상황이 벌어질 때의 선수나 지도자의 마음을 이해하면서 해설하려고 노력한다. 모든 해설은 결과론이 되기 쉽다. 투수를 교체했는데 홈런을 맞으면 투수 교체를 잘못했다고 지적하게 된다. 그렇게 말하기는 쉽지만 감독의 선택 과정을 소개해야 한다. 어떤 상황에서 ABC라는 선택이 있고, 각 선택에 따른 장단점이 있다는 것을 짧은 시간 안에 효율적으로 전달하는 방법을 찾아내면 그만큼 시청자들이 경기를 풍성하게 즐기게 된다. 좋은 해설자도 좋은 지도자나 좋은 선수가 되려는 노력만큼이나 경험과 이론에 대한 이해를 넓히기 위해 투자를 해야 한다.

늘 스스로 생각하고 공부하는 습관이야말로 야구 선수와 지도자, 해설자로서 대성하는 공통된 비결이다.

> **TIP**
>
> **양상문이 말하는 프로의 조건**
> - 바른 인성과 지적 능력을 갖추라
> - 도전 정신을 가지라
> - 지식을 습득하는 법을 배우라
> - 부상은 제대로 관리하라
> - 자율성과 독립심을 키우라
> - 정정당당하게, 룰을 지키라

● **더그아웃** dugout

선수 대기석을 뜻하는 이 용어의 사전적 의미는 방공호, 대피소, 땅굴이다. 야구장의 선수 대기석이 운동장 지면보다 낮은 곳에 설치되어 있기 때문에 이런 이름이 붙었다. 1908년 《브루클린 이글》이라는 신문의 피터 모리스 기자가 선수 대기석을 처음으로 더그아웃이라고 지칭했다.

왜 땅을 파고 더그아웃을 만들었는지에 대한 두 가지 설이 있다. 하나는 미국에서 프로 야구가 활성화되면서 팬 서비스 차원에서 관중들이 지면과 비슷한 높이에서 야구를 관람할 수 있도록 땅을 파고 선수 대기석을 만들었다는 설명으로 곧, 팬들의 시야 확보를 위한 배려다. 다른 하나는 강한 파울 타구를 피하기 위해서라는 주장, 말 그대로 '방공호'로 만든 셈이다. 하지만 미국에서도 아마추어 야구 경기가 열리는 구장의 더그아웃은 대부분 지면과 같은 위치에 설치돼 있고 한국도 대부분 지면과 같거나 높아 '더그아웃'이란 이름에 어울리지 않는다. 더그아웃에는 유니폼을 입은 선수와 코칭스태프, 그리고 트레이너만 들어갈 수 있도록 규정하고 있다.

● **불펜** Bullpen

구원 투수들이 몸을 푸는 장소를 말하며, 종종 구원 투수들을 총칭하는 말로도 쓰인다. '황소 bull'와 '우리 pen'가 결합된 이 단어는 직역하면 '황소 우리'라는 뜻이다.

야구가 생겨나기 이전 황소를 비롯한 동물을 가둬 놓은 우리를 불펜으로 불렀다. 또 남북 전쟁 시기에 야전에서 전쟁 포로들을 가둬 놓은 임시 수용소를 불펜이라고 했으며, 20세기 초까지도 교도소를 일컫는 범죄 속어로 사용됐다.

야구 용어로서 '불펜'의 어원은 담배 광고 관련설이 가장 유력하다. 20세기 초반 야구 경기가 대부분 낮 경기로 열렸을 때 구원 투수들이 큰 광고판 밑의 그늘을 찾아 몸을 풀었는데, 그중 불더햄 Bull Durham 담배 광고판이 폭 40피트 12.2미터, 높이 25피트 7.6미터로 가장 커 인기가 높았기 때문에 불펜이라고 불렸다는 이야기가 있다.

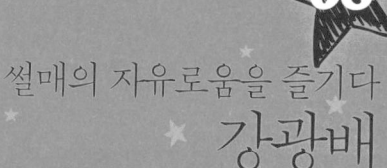

썰매의 자유로움을 즐기다
강광배

1973년 전라북도 남원에서 태어난 강광배는 전주 한일고와 전주대학교를 졸업했다. 오스트리아 인스부르크 대학에서 2년간 박사 학위 과정을 밟았고, 연세대학교에서 '국제 스포츠 이벤트 유치를 위한 스포츠 외교'를 주제로 사회체육학 박사 학위를 받았다.

1998년 나가노 동계 올림픽에서 루지 국가 대표로 나섰던 강광배는 2002년 솔트레이크 동계 올림픽과 2006년 토리노 동계 올림픽에서 스켈레톤, 2010년 밴쿠버 동계 올림픽에서는 봅슬레이 대표 선수로 올림픽 무대를 밟았다. 한국 썰매 종목의 개척자로 3개의 썰매 종목으로 4번의 올림픽에 출전한 유일한 선수다. 2010년에는 국제봅슬레이스켈레톤연맹 부회장으로 뽑히며 스포츠 외교 분야에서도 활발한 활동을 펼쳤다. 2002년부터 평창 동계 올림픽 유치 위원회에서 기술 위원, 유치 위원 등을 맡으며 올림픽 유치를 위해 힘썼고 3번의 도전 끝에 2018년 평창 동계 올림픽 유치에 성공했다. 한국체육대학교 교수로 재직 중이며 평창 동계 올림픽 조직위원회와 평창 동계 올림픽에 출전할 봅슬레이, 스켈레톤, 루지 등 썰매 선수 육성에 힘을 쏟고 있다.

한국에서 2018년 평창 동계 올림픽이 열리는 것은 기적 같은 일이다. 밴쿠버, 잘츠부르크, 뮌헨, 안시 등 동계 종목의 천국이나 다름없는 도시들과 힘겨운 경쟁을 벌여 세 번의 도전 끝에 올림픽 유치를 일궈냈다. 한국은 2010년 밴쿠버 동계 올림픽에서 전통적으로 강세를 보이던 쇼트 트랙 종목 외에도 스피드 스케이팅에서 모태범, 이상화, 이승훈이 금메달을 땄다. 김연아가 피겨 종목 사상 가장 높은 점수로 금메달을 딴 것은 화려한 마침표였다. 우리 국민들도 밴쿠버 올림픽을 통해 동계 스포츠에 대한 더 큰 애정을 가지게 되었다. 스키 점프 대표 선수들을 소재로 만들어진 영화 「국가 대표」는 스포츠 관련 영화로는 최고의 흥행 성적을 올리기도 했다. 평창이 동계 올림픽 개최지로 선정되면서 성공적인 대회 운영에 대한 관심도 높아지고 있다.

동계 스포츠의
불모지에 피어난 꽃

　　　　　　　　　　2010년 밴쿠버 동계 올림픽 폐막 전날 한국 봅슬레이 4인승 남자 대표 팀은 영화 「쿨러닝」 못지않은 감동을 주었다. 올림픽에 첫 출전한 봅슬레이 대표 팀이 역사가 우리보다 60년이나 앞서고 봅슬레이 팀만 30개가 넘는 일본[21위]을 제치고 19위로 결선까지 올랐다.

　스포츠 걸작 영화로 꼽히는 「쿨러닝」은 1988년 캘거리 동계 올림픽에 출전했던 자메이카 봅슬레이 대표 팀의 이야기다. 1년 내내 눈 한 점 볼 수 없는 카리브 해의 나라에서 육상 선수 출신들이 모여 팀을 만들었다. 이들은 처음 출전해 선전했지만 경기 중에 썰매가 부서져 결승점을 걸어서 통과하며 가슴 뭉클한 감동을 남겼다.

　밴쿠버에서 당시 썰매 맨 앞에 탔던 이가 강광배 한국체육대학교 교수다. 맨 뒤에서 제동하는 브레이크 맨 김동현은 3급 청각 장애로 보청기를 끼고 올림픽에 나왔다. 어렸을 때 육상 단거리 선수였던 그는 일반인을 대상으로 하는 국가 대표 선발 대회에서 처음 발탁됐다. 썰매를 밀고 달리면서 2~3번 자리에 타는 김정수와 이진희는 각각 역도와 투창 선수 출신이었다. 한국 봅슬레이는 1,300~1,500미터 얼음 트랙을 평균 시속 130킬로미터 이상 달릴 수 있는 전용 경기장이 국내에 없어 일본에서 대표 선발전을 치렀다.

국제봅슬레이연맹Federation International de Bobsleigh et de Tobaganing, FIBT 부회장을 맡고 있는 강광배 한국체육대학교 교수는 한국 체육계에서는 좀처럼 보기 드문 특이한 이력의 소유자다.

스키를 좋아했던 청년이었던 강 교수는 루지, 스켈레톤, 봅슬레이 등 종목을 바꿔 가며 남들이 한 번 나가기도 어려운 올림픽에 1998년 나가노 올림픽부터 썰매로만 네 번이

▶ 열악한 훈련 환경에, 전폭적인 지원도 없지만 열정과 썰매에 대한 애정으로 계속 썰매를 탄다. 봅슬레이 국제 경기에 출전한 강광배 한체대 교수(앞)와 김동현 선수의 모습.

나 출전했다. 썰매 세 종목에서 모두 올림픽에 출전한 것은 전 세계에서 처음이며 현재까지 유일하다. 2000년에는 대한봅슬레이스켈레톤연맹의 창립에도 주도적인 역할을 했다.

대학 때까지 학교 운동부 선수로 뛴 적이 없지만 동계 종목과의 인연으로 국가 대표, 올림픽 출전, 국제연맹 부회장, 2018년 평창 동계올림픽 조직위원회 집행 위원까지 맡게 됐다. 한국 썰매 종목의 개척자라는 찬사가 어울리는 이력이다.

대부분의 사람들에게는 동계 올림픽 종목, 그중에서도 썰매 종목은 더욱 생소하다. 봅슬레이와 루지, 스켈레톤은 동계 올림픽 썰매 경기의

삼총사다. 원통형 썰매에 네 개의 날을 단 봅슬레이bobsleigh는 세 가지 올림픽 썰매 종목 중 유일하게 핸들과 브레이크가 있다. 남녀 2인승과 남자 4인승 등 세 종목이 있다. 선수는 썰매를 조종하는 파일럿과 브레이크 맨, 푸셔4인승 경기에서 2, 3번째 타는 선수로 구성된다.

썰매 몸체가 앙상한 '뼈대' 같다는 스켈레톤skeleton은 머리를 앞으로 해 엎드려 타는 1인 종목이다. 루지luge는 발을 앞으로 뻗고 누워서 탄다. 남녀 1인승 경기와 남자 2인승 경기가 있다.

한국은 평창 동계 올림픽을 맞아 처음으로 이 종목을 운영할 수 있는 경기장을 갖추게 됐다. 이전엔 국내 도로에서 바퀴를 달고 연습하거나 해외로 나가야 했다.

썰매 종목의 개척자
강광배

사람들은 강광배 교수를 '국내 1호', '개척자'라 부른다. 때로는 먹고살기 힘든 세상에 신나게 썰매 타는 직업을 가졌기 때문에 '팔자 좋은 놈'이라고도 한다. 하지만 그는 늘 전화위복이라는 말이 실감 날 정도로 굴곡이 많은 삶을 살았다. 전라북도 남원 지리산 자락에서 태어나 시골 마을에서 토끼를 벗 삼아 산으로 들로 뛰놀던 어린 시절, 갑작스럽게 아버지를 여의면서 졸지에 가장家長

의 짐을 지게 됐다. 열두 살 때였다. 어머니와 누나들이 있어 당장 생계를 떠맡아야 했던 것은 아니지만 집안의 유일한 남자로서 가족을 지켜야 하는 의무를 갖게 된 것이다.

강광배는 원래 '홈런 왕'을 꿈꾸던 소년이었다. 학교 야구부에 들어가 방망이를 휘두르고 싶었던 그는 어머니의 반대로 꿈을 접었다. 당시 어머니는 2대 독자였던 그에게 공부를 하라고 권유했다. 평범한 학생으로 학창 시절을 보냈던 강광배는 일반 전형으로 전주대학교 체육학과에 입학했다. 그는 고등학교 때까지 운동부 선수로 뛰어 본 적이 없었다.

군인이 되고 싶어서 사관 학교를 가려고 했는데 성적이 부족했다. 기초 체력 운동을 해서 체육학과를 가면 나중에 ROTC를 지원해서 군인의 꿈을 이루는 데 도움이 되겠다는 생각에 운동을 시작했다.

대학교에 다니면서는 스키에 미쳤다. 겨울이면 무주 리조트의 스키장에서 아르바이트를 하면서 스키를 배웠다. 스키를 탈 수 있는 때라면 학교 수업도 뒷전일 정도였다. 22세에 스키 강사 자격증을 따고, 선수들을 지도할 수 있는 코치 자격도 얻었다. 유능한 지도자를 목표로 했다.

농구나 야구 같은 인기 종목에서도 스타 출신이 아닌 감독들이 팀을 잘 이끄는 경우가 많은 것을 보며 희망을 키웠다. 예를 들면 예전 '농구 대잔치' 시절 연세대학교를 이끌었던 최희암 감독과 같은 길을 걸어 보고 싶었다. 최희암 감독은 스타 출신이 아니었지만 지도자로서 더 유명해진 경우였다.

하지만 공익 근무 요원으로 지내던 중 스키를 타다 무릎 전방 십자 인대를 다쳤다. 지체 장애 5급을 받을 정도로 큰 부상이었다. 무릎에 무리가 가는 스키를 더 타기는 어려웠다. 그는 체육 교사를 해야겠다는 생각으로 대학원에 진학하려 했다.

그의 인생을 완전히 바꿔 놓은 사건은 우연히 찾아왔다. 대학원을 지원하러 가는 길에 학교 게시판에 붙은 루지 국가 대표 선발 공고를 본 것이다. 그는 대한체육회에서 실시한 루지 대표 선발전에서 30명 가운데 2등을 했다. 스키를 타면서 눈에 적응된 덕분이었다. 당시 1등이 한국체육대학교 육상 선수, 3등은 전북대학교 축구 선수 출신이었다.

루지는 1998년 나가노 동계 올림픽을 앞두고 국내에 처음 소개된 종목이었다. 누운 자세로 썰매를 타기 때문에 무릎을 쓸 필요가 없었다. 극한의 스피드 속에서 트랙을 질주할 수 있는 담대함과 궤도를 벗어나지 않도록 하는 섬세한 조종술이 어우러져야 하기에 기질과도 잘 맞았다. 1998년 나가노 동계 올림픽을 앞두고 연습할 곳이 없어 썰매에 바퀴를 달고 아스팔트 위를 전전하면서 훈련했다. 나가노 동계 올림픽에서 32명 중 31등을 기록했지만 성취감은 이루 말할 수 없었다. 우선 국가 대표가 된 것만 해도 꿈 같은 일이었고, 올림픽에 출전하는 것은 상상도 하지 못했던 값진 경험이었다.

만약 무릎을 다치지 않고 스키를 계속 했다면 어떻게 됐을까. 어릴 때부터 스키를 시작한 엘리트 선수들과 격차를 좁히지 못하는 것은 당연하고, 태극 마크는 꿈도 꿀 수 없었을 것이다. 모든 운동선수의 지상 목표인 올림픽과 인연을 맺은 것도, 인생을 바꿔 준 썰매와 인연을 맺은 것도 어쩌면 고난이 행운으로 바뀌는 과정이었다.

세상은 넓고 할 일은 많다

나가노 동계 올림픽 이후 국가 대표로 계속 활약할 수 있을 것이란 기대를 품었다. 하지만 국내 연맹이 10대 꿈나무 선수들을 육성하겠다며 나가노 올림픽에 출전했던 20대 초중반의 선수 세 명을 국가 대표 팀에서 제외했다.

탈출구가 필요했던 그는 동계 올림픽을 두 번 개최한 오스트리아 인스브루크로 가서 스포츠 마케팅 공부를 시작했다. 국제루지연맹 소속 오스트리아 출신 쿤터 렘머러 수석 코치의 권유가 유학지를 결정하는 데 큰 도움이 됐다. 세계 최고 수준의 동계 종목 인프라가 갖춰진 곳에서 실컷 운동도 하고 공부도 할 수 있다고 생각했다. 당시 한국에서 블루 오션으로 각광받기 시작하던 스포츠 마케팅을 배울 수 있는 기회였다. 미국 메이저 리그에서 활약하는 박찬호와 US 여자 오픈에서 우승한 박세리의 영향으로 국제 스포츠와 스포츠 마케팅에 대한 관심이 커지던 시절이었다.

오스트리아에서 엎드려 타는 썰매 종목인 스켈레톤을 만났다. 썰매에 대한 열정이 스켈레톤을 접하면서 다시 타올랐다. 하지만 스켈레톤은 트랙을 한 번 타고 내려오는 데만 사용료 수십 유로를 내야 하는 비싼 운동으로 가난한 유학생에게는 사치였다. 무거운 썰매를 메고 매일 수 킬로미터씩 걸어 다니고, 버스 요금을 아껴 훈련비용을 모았다. 한 번 타는 것으로 여러 번 타는 효과를 내려고 열심히 이미지 트레이닝을 했다. 교통비와 숙박비를 절약하려고 오스트리아 선수단 틈에 끼어 눈칫밥을 먹어 가며 기술을 익혔다. 그러다가 오스트리아 대학 선수권 대회에서 1위를 차지했다. 인스브루크 썰매 트랙에서 스켈레톤 부문 최고 속도 기록을 경신했다. 현지 신문들은 '코리아 블리츠_{blitz, 번개}'라는 제목으로 강광배를 소개했다. 루지 종목에서 퇴출됐던 그는 2002·2006년 동계 올림픽에 스켈레톤 선수로 출전할 수 있었다. 그리고 그 자신감을 바탕으로 2010년 밴쿠버 올림픽 때는 썰매 종목의 꽃이라고 할 수 있는 봅슬레이로 다시 한 번 도전할 수 있었다.

동계 스포츠의
외교관이 되다

오스트리아에서 유학하며 스켈레톤을 타던 시절 유럽 대회에 출전하면 그의 국적란에는 오스트리아 국기가 새겨졌다. 그가 속한 오스트리아 클럽 소속으로 출전했기 때문이다. 한국

국적으로 출전하고 싶다고 하자 그러기 위해서는 한국에 연맹을 만들어야 한다고 했다. 그래서 그는 2000년 뜻있는 분들의 도움을 받아 대한봅슬레이스켈레톤연맹 창립을 주도했다.

당시 국내에는 그를 포함해 선수가 두 명뿐이었다. 그래도 2002년 솔트레이크 동계 올림픽과 2006년 토리노 동계 올림픽에 출전하는 쾌거를 이뤘다.

국제 무대에 한국 썰매 선수로 처음으로 이름을 알린 강광배는 그 경험을 바탕으로 스포츠 외교 분야에서도 적극적으로 움직였다. 평창 올림픽 유치위 활동만 세 번을 하면서 두 번의 실패와 극적인 성공을 함께 맛봤다.

처음에는 올림픽 한국 개최를 설득하기 위해 만나는 IOC 위원마다 "한국에는 썰매 선수가 몇 명 있느냐?" "썰매를 탈 수 있는 곳은 있느냐?"는 질문을 받았다. 할 말이 없었다.

2003년 처음 올림픽을 유치하려던 때만 해도 한국은 쇼트 트랙을 제외하곤 다른 종목에선 단 한 개의 금메달도 따지 못한 상태였다.

선수 출신 행정가가 거의 없는 한국은 스포츠 외교에서도 약점이 많았다. 정부와 재계의 지원은 강력했지만 스포츠 외교 무대에서 바닥부터 다진 끈끈한 인맥이 약했다.

강광배는 2010년 9월 봅슬레이 국가 대표 팀 감독으로 활동할 때 아시아 출신 최초로 FIBT 부회장으로 선출됐다. 미국 레이크플래시드에서 열린 FIBT 총회에서 전체 43표 중 27표를 받아 4년 임기의 국제 관계International Affairs 부회장에 당선됐다.

그는 연세대에서 사회체육학 박사 과정에 들어가면서 아예 스포츠 외교를 전공으로 삼았다. 그리고 '국제 스포츠 이벤트 유치를 위한 스포츠 외교'를 주제로 박사 학위를 받았다.

그가 현장에서 느낀 한국 스포츠 외교의 약점은 거창한 것이 아니었다. 각 종목 연맹별로 국제회의는 큰 대회가 열릴 때 함께 열리는 경우가 많다. 한 해에도 여러 차례다. 이 같은 국제회의에서 한국은 대부분 스포츠 외교를 펼칠 기회를 스스로 포기한다. 외국에서는 그 종목의 스타 출신이나 대표 선수 출신들이 기회 있을 때마다 참석한다. 하지만 한국 선수들은 대회가 끝나면 짐 싸서 귀국하기 바쁘다. 국제회의에서 서로 안면을 익히면 그게 네트워크가 되고 나중에 스포츠 외교에 힘이 된다. 국제 연맹에는 선수 출신이 많다. 실제로 그 종목의 선수로 뛰어 본 사람과 그렇지 않은 사람 간에는 큰 차이가 있다. 외국어를 썩 잘하지 못하더라도 자주 만나고 서로의 공통 관심사를 이야기하다 보면 유대감이 쌓이게 된다.

우리는 정부와 재계 중심으로 큰 외교에는 관심을 쏟는다. 하지만 선수나 선수 출신 행정가들이 쌓아 가는 네트워킹이 실제로는 더 큰 힘을 발휘하는 경우가 적지 않다.

국제 대회에서 메달 따는 것도 중요하다. 그러나 이제는 거기서 한 발 더 나아가야 한다. 선수들이 견문을 넓힐 기회를 주고, 선수 시절부터 외교 행정 분야에도 눈을 뜰 수 있도록 뒷받침해 주는 것도 중요하다. 메달만 많이 딴다고 스포츠 강국이라고 할 수는 없다.

운동은 즐기면서 하는 것

동계 스포츠 선진국인 유럽에는 선수 생활과 개인의 직업을 병행하는 사람이 많다. 하계 종목에도 이런 경우가 많지만 겨울에 주로 큰 대회가 열리는 동계 종목은 다른 계절에 자신의 직업을 충실히 할 수 있다는 장점이 있다. 동계 스포츠도 강국인 독일에선 의사나 변호사 출신이 올림픽에 출전하는 경우가 많고, 일본에서는 여기자가 선수로 뛴 적도 있다. 스포츠 선수 중에 기업의 CEO가 있는 경우도 있다. 이들에게는 공통점이 있다. 자기가 좋아서 시간을 투자한다는 점이다. 낮에는 자신의 일을 하고 저녁 시간을 이용해서 운동을 한다. 강광배 교수가 유학하던 오스트리아의 국가 대표 스키 선수 중에는 평소 꾸준히 운동을 하다 국제 대회가 열리면 직장에 휴가를 내고 대회에 참가하는 이도 있었다. 유럽에서 오랫동안 공부도 하고 대회도 참가하는 동안 강 교수는 한국의 스포츠 스타일도 바꾸어야 한다는 믿음을 갖게 됐다.

한국에서 스포츠 선수로 활동하는 데에는 여러 가지 이유가 있을 것이다. 취미로 스포츠를 시작한다고 하지만 실제론 그렇지 않은 경우도 많다. 장래 직업을 위해서, 대학 진학을 위해서, 병역 혜택을 받기 위해서 등 현실적으로는 다양한 경우가 있다.

한국 스포츠의 근본적인 문제는 생활 체육이 중요하다고 말은 하면서도 실제론 사람들이 그에 합당한 관심을 기울이지 않는 데서 출발한다.

기초 스포츠라고 할 수 있는 육상, 수영을 학교에 다니면서 자연스럽게 익힐 수 있는 것도 아니다. 우리나라는 현재 학교생활에 들어가는 시간과 방과 후 과제, 시험공부를 위해 들어가는 시간은 유럽을 비롯한 다른 나라에 비해 과도하게 많은 실정이다. 그리고 체육 활동이나 체육 수업은 영어나 수학을 배우는 것에 비하면 하찮게 여겨진다. 아이들은 시간이 나면 전자 기기를 활용한 게임이나 오락에 빠진다. 그 가상 현실 안에는 사람을 손쉽게 죽이는 내용도 적지 않다. 한국 청소년들의 체력이 오히려 이전보다도 떨어지고 있다는 경보음은 예전부터 울리고 있다. '건강한 몸에 건전한 정신'이라는 이상적인 교육에서 점점 더 멀어지고 있는 안타까운 현실이다. 국민이 건강해야 국가가 건강해지는 것인데 우리는 그 시스템이 작동하고 있지 않다.

강광배 교수의 제안은 이렇다. 어렸을 때부터 스포츠를 통해 땀 흘리는 시간을 갖게 해야 한다. 전국의 초등학생들이 자신이 좋아하는 종목을 자연스럽게 학교에서 방과 후 활동으로 즐기게 하고, 여기서 재능 있는 선수들끼리 또 경쟁을 벌여 가면서 자연스럽게 중고등학교를 거치고 스포츠 선수가 되는 과정이다. 유럽의 클럽 시스템이 이런 스타일이다.

한국의 엘리트 중심 스포츠 육성 정책은 특공대 훈련과 비슷하다. 각종 국제 대회에서 성적을 내기 위해서 운동 재능이 뛰어난 선수들을 조기에 발굴해 집중적으로 육성한다. 많은 어린이들이 스포츠를 즐기고 그 과정에서 재능 있는 선수가 자연스럽게 떠오르는 게 아니고 국제 대회에서 좋은 성적을 낼 수 있는 재목을 찾아내 그들에게만 모든 것을 투자하는 방식이다.

강광배 교수는 한 세미나에서 경험한 일을 잊지 못한다. 국제 대회에서 성적을 올렸지만 지금은 어려운 형편인 국가 대표 출신 체육인들이 국가에 대한 불만을 토로하는 모습을 목격했다. 국가에서 운동선수들에게 운동만 힘들게 시키고, 국가를 위해 국제 대회 나가서 성과를 내고 나니 결국엔 충분한 보상을 해 주지도 않고, 혜택도 없다는 불만을 얘기하더라는 것이나. 스포츠라는 게 본인 스스로 하고 싶어서 해야 하는 건데 출발부터 어긋났기 때문에 그 같은 일이 벌어지는 것이다. 자신이 좋아서 운동의 길을 선택한 사람이라면 국가 대표만 되도 자랑스러워하고, 올림픽에 출전하는 것 자체로 영광을 느끼겠지만 첫출발이 다르기 때문에 이 같은 현상이 생기는 것이다.

강 교수는 국가의 책임이라면 이런 시스템을 방치하고 있는 게 잘못이라고 생각한다. 학교 체육의 정상화는 결국 국가가 정책을 통해 해결해야 할 문제이기 때문이다.

봅슬레이 대표 팀 감독이기도 했던 강 교수는 스스로 좋아서 하는 선수와 억지로 하는 선수는 눈빛만 봐도 알 수 있다고 했다. 하고 싶어서 하는 선수들은 운동하기 이전에 미리 몸을 충분히 풀고 오는데, 그렇지 않은 선수들은 심하게 표현하면 도살장 끌려오듯 한다는 것이다.

한국체육대학에서 만난 학생들을 보면 기초가 안 돼 있는데도 무섭게 공부하는 학생들을 만나게 된다고 한다. 고등학교 때까지 수업을 제대로 못 듣고 공부를 못 한 게 한이 돼서 정말 피눈물 나게 공부하는 모습을 볼 수 있다.

선수가 어렸을 때부터 공부에 대한 의지와 습관을 길러 주는 것도 중요하다.

그가 태릉 선수촌에서 후배들에게 책을 가져다주고 읽으라고 해도 하는 둥 마는 둥 하는 경우가 태반이었다고 한다. 영어 공부를 시켜도 마찬가지였다. 다 큰 선수들한테 뭐 하나를 더 가르쳐서 익히게 만들겠다는 건 쉽지 않은 일이었다. 그는 또 선수에게 무작정 일정 수준 이상의 학력을 요구하는 대학도 문제라고 이야기했다. 학생 선발은 경기 성적과 신체 능력을 기준으로 삼으면서 입학한 후에는 기초 학력이 떨어지는데도 다른 학생들과 똑같이 수업을 받고 시험을 보라고 하는 건 무리라는 이야기다. 고등학교 때까지 수업도 제대로 듣지 않던 선수들이 일반 학생들과 마찬가지로 대학교 수업을 따라간다는 것은 어려운 일이다. 런던 올림픽에서 금메달을 딴 양학선처럼 세계에서 독보적인 기술을 가진 선수들은 그 기술 자체로 많은 기회를 부여받을 수 있다고 생각한다.

▶ 2010년 밴쿠버 동계 올림픽에 출전한 대한민국 선수단 입촌식에 참가한 강광배 감독. 그는 썰매 3종목으로 4번의 올림픽에 참가한 유일무이한 선수다.

그는 자신이 유학했던 독일어권에선 초등학교를 마치면 기술 학교를 갈 것인지, 학문의 길을 갈 것인지를 정해 학생들의 공부하는 양이 달라진다는 점을 예로 들었다. 기술 연마하는 시간을 공부하는 시간과 같은 값어치로 생각한다. 스포츠도 비슷하다. 그런 학생들은 공부를 택한 학생들과는 달리 수학이나 물리 등을 심층적으로 배우지는 않는다고 한다.

학교 체육이 정상화되기 이전에 어려서부터 육성된 엘리트 스포츠 선수들에게는 과도기적으로 적합한 교육 방식을 채택해야 한다고 생각한다. 고등학생이라도 학력 수준에 맞춰서 눈높이에 맞는 수업을 하는 것이다. 수업 시간을 때우기 위해 앉아서 자는 것보다는 그렇게라도 유용한 무언가를 배우는 게 낫다고 보는 것이다.

학교 체육의 정상화가 정말 필요하다는 것을 그는 여러 곳에서 목격하게 된다고 했다. 그만큼 해결도 절실한 것이다.

썰매는 자유

눈밭을 엄청난 스피드로 내려오는 썰매 종목은 자유와 호연지기를 배울 수 있는 스포츠다. 강광배 교수는 썰매 종목이 우리나라 최고 인기 종목이라는 '황당한' 주장을 폈다.

한국 사람 치고 어려서 썰매 안 타 본 사람이 어디 있느냐는 이야기다. 경기용 썰매장이 2016년이면 한국에도 만들어진다. 1,500미터 길이의 코스를 시속 100킬로미터 안팎의 속도로 썰매를 타고 내려오면 진정한 자유를 느낄 수 있다.

  썰매 경기장이 만들어지고 자연스럽게 썰매를 탈 수 있게 되면, 어린이들과 일반인들도 즐기게 되고 그러면 인기 스포츠가 되는 데 오랜 시간이 걸리지 않을 것이란 생각이다. 독일에서는 썰매를 잘 타는 사람들이 머리가 좋다는 평을 듣는다고 한다. 썰매 종목은 코스를 잘 외우고 있어야 스피드를 줄이지 않고 내려올 수 있다. 그래서 코스에 대한 기억력이 좋은 사람일수록 더 빠른 스피드로 썰매를 즐길 수 있다.

  처음 타 보는 사람은 두려움이 있다. 그런데 딱 한 번만 타도 '해냈다'는 성취감을 느끼게 된다. 썰매 종목 저변 확대를 위해서는 이 경기장을 잘 활용해야 한다. 관광객들도 탈 수 있게 하고 경기장에서 사진을 찍고 그 코스를 탔다는 확인증을 끊어 주는 것이다. 원래 비용은 비싸지만 장비를 살 필요 없이 올림픽 코스에서 쉽게 배울 수 있도록 프로그램을 만들 필요가 있다. 어린이들이 모험심을 기를 수 있는 스포츠로 활용할 수도 있다.

평창 올림픽
성공을 위하여

2018년이면 평창에서 동계 올림픽이 열린다. 유치위원회에 이어 조직위원회에서 중요한 역할을 맡고 있는 강광배 교수는 한국 동계 스포츠 발전을 위해서는 엘리트 스포츠와 생활체육의 이분법으로는 현재 문제를 해결할 수 없다는 입장이다.

시간이 부족하기 때문에 저변 확대와 국제 무대 경쟁력을 높이는 과정이 함께 가야 한다는 것이다. 선수가 늘고, 그 종목을 즐기려는 동호인이 늘기 위해서는 국제 무대에서 활약하는 스타가 나오는 게 가장 효과적이다. 동계 종목의 발전 과정에서 어떻게 시설을 확충하고, 또 선수들을 육성할지 잘 계획하는 것도 중요하다. 한쪽에만 투자한다고 될 일이 아니다. 썰매 종목도 마찬가지다.

그래서 2018년 평창 올림픽이 동계 종목의 새로운 출발점이 돼야 한다는 생각이다. 이를 위해선 '휴먼 레거시 Human Legacy'를 남겨야 한다. 조직위원회에도 1~2년씩 왔다가는 사람들이 아니라 개최하는 날까지 계속 활동할 수 있는 전문가들이 일할 수 있도록 해야 한다. 시설도 중요하지만 사람이 남아야 대회가 끝난 다음에도 동계 스포츠가 발전할 수 있는 환경이 마련된다. 전문성 있는 스포츠계 인사들이 더 적극적으로 나설 수 있도록 분위기를 바꿔 가야 한다. 다시 오기 힘든 이 기회를 통해서 국제 스포츠 무대에서 인맥도 만들고, 대회를 준비하면서

경험을 쌓아야 한다. 올림픽은 한번하고 끝나는 것이 아니기 때문이다. 항상 그다음에 어떻게 그 경험과 유산을 살려 나가는지가 중요하다.

> **TIP**
>
> **강광배가 말하는 프로의 조건**
> - 담대함과 섬세함을 동시에 갖추라
> - 견문을 넓히라
> - 자신이 가장 좋아해야 한다
> - 공부에 대한 의지와 습관을 기르라
> - 두려움이 성취감으로 바뀌는 것은 한순간이다. 도전하라

09

한국 핸드볼의 살아 있는 전설
윤경신

1973년 서울에서 태어난 윤경신은 숭인초등학교 시절 특별 활동 시간에 핸드볼과 인연을 맺었다. 203센티미터의 큰 키에 왼손잡이인 그는 인기 종목의 유혹을 뿌리치고 비인기 종목인 핸드볼에서 세계 최고의 선수로 성장했다.

1995년 세계 선수권 대회에서 득점 왕에 오른 뒤 독일 분데스리가에 진출해 여덟 차례 득점 왕에 올랐다. 1997년 세계 선수권 대회에서 다시 득점 왕에 올랐고, 2002년에는 국제핸드볼연맹 '올해의 선수'로 선정되기도 했다.

경희대 1학년에 재학 중이던 1992년 바르셀로나 대회를 시작으로 2000년 시드니, 2004년 아테네, 2008년 베이징, 2012년 런던 대회까지 다섯 번이나 올림픽에 출전한 한국 핸드볼의 살아 있는 전설이다. 아시안 게임에서는 다섯 차례 금메달을 목에 걸었다.

2012년 런던 올림픽의 한국 선수단 기수였던 그는 현역 은퇴를 선언하고 2013년부터 두산에서 지도자 생활을 시작했다. 모교인 경희대에서 스포츠 리더십에 대한 논문으로 스포츠 사회학 박사 학위를 받았다.

한국 핸드볼의 거인[巨人] 윤경신이 선수로서 또 한 인간으로서 어떤 존재였는지를 알아보기 위해서는 독일의 대표적인 시사 주간지 《슈피겔 Der Spiegel》의 글을 인용해 보는 것도 좋을 것 같다. 슈피겔은 주로 독일 정치와 국제 정치의 흑막을 파헤치고 날카로운 사회 비판으로 유명한 독일을 대표하는 권위 있는 시사지다. 스포츠와 연예를 다루는 비중은 상대적으로 적은 편이다. 슈피겔은 윤경신이 열두 시즌에 걸친 독일 분데스리가 생활을 끝내고 한국으로 돌아간다고 선언했을 때 2008년 6월 5일 '핸드볼 스타 윤[Yoon], 위대한 닉[Nick]의 작별'이란 장문의 글을 실었다. 닉은 독일어를 잘 알아듣지 못하던 초기 시절 감독의 말에 무조건 고개를 끄덕이던 윤경신에게 팀 동료들이 지어 준 별명이다. 독일어로 고개를 끄덕인다는 말이 니켄[nicken]이다. 이 기사는 이렇게 시작한다.

그는 사람들이 숫자를 헤아리기도 힘들 만큼 많은 골을 넣었다. 오랫동안 윤경신은 분데스리가를 지배했다. 이제 34세의 윤은 고향 한국으로 돌아가려 한다. 윤경신은 독보적인 기록을 남겼다. 그는 일곱 차례 분데스리가 득점 왕독일 분데스리가 홈페이지에는 1997~2002년, 2004년, 2007년 등 여덟 차례 득점 왕으로 기록되어 있다에 올랐으며 2000~2001 시즌에는 324골한 시즌 역대 최다 골로 분데스리가 사상 유일하게 300점 이상 골 기록이란 환상적인 기록을 남겼다. 그는 통산 2908골을 넣었는데 31년의 분데스리가 역사상 통산 최다 득점 기록이다. ······중략······ 독일 국가대표팀 감독 하이너 브란트는 "윤경신은 분데스리가에서 비교 불가능한 선수였다"고 평가했다.

의사소통 문제부터 음식, 문화의 차이 등 윤경신의 독일 분데스리가 시절의 애환과 세계적인 핸드볼 스타로서의 경력을 자세히 소개하던 이 잡지는 이렇게 끝맺는다.

누군가는 주장했다. 키 204센티미터한국 핸드볼계에서 윤경신의 키는 203센티미터로 통하는데 독일에선 204센티미터로 알려져 있다의 윤경신이 한국 사람 중 열한 번째로 키가 크다. 그게 맞는지 윤경신은 확답할 수 없을 것이다. 하지만 인간으로서 그는 독일 핸드볼 계에서 의심의 여지없이 거인에 속한다. 윤경신의 자부심과 함께 윤경신이 몸으로 보여 주고 있는 특별한 겸손함, 이 모든 것이 우리 기억 속에 남을 것이다. 모든 사람들이 그들이 알게 된 이 사람에 대해 열광한다. 함부르크윤경신이 분데스리가에서 두 번째이자 마지막으로 몸담았던 팀의 골키퍼 요한네스 비터는 윤경신에 대한 수많은 주변 사람들의 코멘트를 두 문장으로 압축했다.

"나는 그와 함께 경기할 수 있었던 것을 선물이었다고 생각한다. 그는 내가 아는 사람 중 가장 겸손하고, 가장 좋은 사람이었다."

고마워요, 닉Danke, Nick.

한국 핸드볼은 국제 대회 성적과 명성에 비해 국내 인기는 거의 없다고 해도 지나치지 않을 정도로 관심을 받지 못했다. 오랫동안 올림픽 효녀 종목으로 좋은 성적을 내 온 여자 핸드볼 선수들의 분투기를 그린 영화 「우리 생애 최고의 순간」은 흥행에 성공했지만, 그렇다고 국내 핸드볼 팀 경기에 오는 관중 수가 늘지는 않았다. 대회 관계자나 동원 관중을 제외하면 입장권을 직접 사서 구경 오는 순수한 관중은 극히 적은 편이다. 핸드볼 담당 기자들은 핸드볼 흥행에 도움이 될까 하는 생각에 대회를 소개하고, 경기를 취재하며 선수들 이야기를 여러 차례 기사화했지만 시쳇말로 이렇게 '약발'이 듣지 않는 종목도 별로 없다는 이야기를 하곤 한다. 그래서 국내에서 차지하는 핸드볼의 위상에 익숙한 사람들이 윤경신이 몸담았던 독일 분데스리가를 이해하기는 쉽지 않을 것 같다는 생각도 든다.

독일 분데스리가는 세계 핸드볼 리그 가운데 가장 짜임새 있는 최정상급 리그다. 1부 리그는 18개 팀, 2부 리그는 20개 팀이 있으며 일본 자동차 메이커 도요타 자동차가 2007년부터 리그 스폰서를 맡고 있다.

독일 국민의 인기를 바탕으로 핸드볼이 흥행에 성공하고 있기 때문에 독일 자동차 회사들과 경쟁을 벌이는 일본 자동차 회사가 글로벌 스폰서로서 참여하는 것이다. 독일에서는 축구가 의문의 여지없는 압도적인 인기 스포츠이며 그다음으로 핸드볼과 아이스하키가 이름을 올릴 정도로 사랑받는다. 윤경신이 독일 분데스리가에 데뷔해 10년간 뛰었던 굼머스바흐는 쾰른에서 기차로 한 시간 떨어져 있는 도시인데, 큰 경기가 있으면 쾰른 아레나에서 경기를 했다. 실내 경기장인 쾰른 아레나의 좌석 규모는 2만 석인데도 대부분 관중이 꽉 찬 상태에서 경기를 벌였다. 인기 가수 공연도 아닌 핸드볼 경기가 열릴 때마다 2만 석의 관중석에서 폭발적인 응원전이 벌어졌다.

온몸에서 소름이 돋고 전율을 느낄 정도로 그 열기가 대단했다고 윤경신은 기억했다. 이 최고의 리그에서도 윤경신은 최고의 선수였다. 독일을 대표하는 시사 주간지인 《슈피겔》이 분데스리가를 떠나는 한국 선수 윤경신에게 '고마워요'라고 찬사를 보낼 정도로 그는 경기력과 인간적인 면모에서 모두 깊은 인상과 불멸의 기록을 남겼다.

2008년 9월4일 한국에서 13년 만에 복귀전을 치른 윤경신은 실업 핸드볼 경기를 앞두고 아스팔트 위에서 몸을 풀었다. 대회가 열린 전남 무안군 목포대 체육관은 관중석 500석 규모였지만 관중이 들어차지 않아 썰렁했고 경기 전 따로 연습할 공간이 없어 체육관 옆 아스팔트 위에서 준비 운동을 했다. 경기장은 사이드라인에서 벽까지 불과

1미터도 떨어져 있지 않아 자칫 부상 위험도 있었다. 두산 유니폼을 입고 경기에 나선 세계적인 핸드볼 선수 윤경신은 일곱 골을 넣었고, 국내 복귀전 소감 인터뷰에서 "한국 핸드볼 환경이 갑자기 달라지겠습니까. 큰 기대 안 했습니다. 13년 만에 돌아와 새롭고, 한국 핸드볼 인기를 살리기 위해 노력하겠습니다"라고 밝은 표정으로 이야기했다. 금의환향錦衣還鄉한 그가 마주한 것은 그가 그토록 깨고 싶었던 핸드볼에 대한 무관심과 차가운 현실이었다.

핸드볼 불모지 한국에서 윤경신은 어떻게 성장했나?

한국과 같은 핸드볼 환경에서 윤경신 같은 월드 스타가 나오는 일이 전무후무하지 않겠느냐는 말이 나올 정도로 윤경신은 독특한 존재였다.

유럽에서 남자 핸드볼은 비교적 인기 종목에 속하고 선수들의 연봉도 한국 돈으로 환산하면 수억 원대에 이르기 때문에 경쟁이 치열하고 선수층이 두꺼운 편이다. 특히 신체적 접촉이 많은 이 종목에서 한국 남자 핸드볼이 아시아에서는 최강으로 군림하면서도 올림픽 메달과 세계 선수권 메달을 한 번도 따 보지 못한 것은 사실 부끄러운 일이 아니다. 오히려 독일과 러시아 등 강호들과 늘 접전을 벌일 정도로 선전한 것이 기적에 가까운 일이다. 이런 선전의 주요 원동력으로 꼽을 수 있는 게 윤경신의 존재였다.

그를 통해 비인기 종목에서도 묵묵히 세계 정상을 향해 걸어가는 선수의 길, 그리고 해외 리그에 진출해 인간적인 면으로도 리그를 대표하는 선수로 성장해 나간 과정, 세계적으로 클럽 시스템이 가장 잘 갖춰진 독일에서 스포츠 선수들이 어떻게 성장하고, 일반 학생들이 체육 활동을 즐기는지 볼 수 있다. 또 올림픽에 다섯 차례나 출전한 올림피언으로서의 자부심과 올림픽 출전의 의미, 경희대학교에서 박사 학위를 받을 정도로 학업을 병행해 나가는 연구하는 자세, 한국 핸드볼의 비전과 지도자로서의 꿈 등을 고루 살펴볼 수 있다.

특별 활동 시간에 만난 핸드볼 공

윤경신은 서울 숭인초등학교 4학년 때 특별 활동반으로 핸드볼과 처음 인연을 맺었다.

공을 잡아 보니 농구공처럼 크지도 않고, 탁구공처럼 작지도 않고 이유는 잘 모르겠지만 마음에 들었다. 특별 활동을 맡은 선생님은 핸드볼을 재미있게 가르쳤고, 초등학생 윤경신도 그 매력에 빠져 들어갔다. 알고 보면 그와 핸드볼은 인연이 있다. 윤경신의 어머님은 학창 시절 핸드볼 골키퍼로 활약했고, 아버지는 육상 선수였다. 어린 시절 키는 크지만 몸이 약했던 윤경신은 부모님의 권유로 태권도를 배웠는데 금세 실력이 늘 정도로 운동에 대한 기본 감각이 있었다.

그해 가을 숭덕초등학교 핸드볼 팀이 창단된다는 소식을 듣고 선생님의 권유로 전학을 했다. 초등학교 5학년 초 전학할 때 윤경신의 키는 160센티미터로 또래보다는 큰 편이었지만 아주 큰 것도 아니었다. 숭덕초등학교 핸드볼 팀에는 이미 키가 170센티미터가 넘는 선수도 있었다.

특별 활동반에서는 제일 잘했지만, 핸드볼 팀 선수들의 실력을 따라가기 위해서는 많은 노력이 필요했다. 오전 수업을 마치고 오후에 저녁 6시까지 훈련했다.

숭덕초능학교 핸드볼 팀은 창단한 그해 전국 대회에서 우승할 정도로 곧바로 두각을 나타냈다. 왼손잡이 윤경신은 팀의 주포는 아니었지만 베스트 멤버로 뛰었다. 축구에서 왼발을 주로 쓰는 선수가 왼쪽 측면에 특화된 선수로 성장하는 경기가 많은 것과 반대로 핸드볼에서는 주로 오른쪽에서 중용되는 경우가 많다. 왼손잡이가 오른쪽에서 뛸 때 슈팅할 공간을 더 많이 확보할 수 있기 때문이다. 윤경신도 오른쪽인 라이트백을 주요 포지션으로 성장해 갔다. 윤경신은 왼손잡이이긴 하지만 어릴 때부터 오른손을 쓰는 습관을 많이 들여 오른손도 오른손잡이처럼 쓸 수 있다. 양손을 다 쓸 수 있는 것도 핸드볼 선수로서 성장하는 데 큰 도움이 됐다.

윤경신은 광운중 3학년 때 키가 188센티미터까지 자라면서 중학생으로는 유일하게 '88 꿈나무'로 선정되면서 국내 스포츠계의 엄청난 주목을 받았다. '88 꿈나무'는 1988년 서울 올림픽 유치 이후 각 종목에서 메달을 따 낼 가능성이 있는 선수를 발굴해 집중 육성하자는 취지로 한시적으로 운영됐던 제도였다. 윤경신은 한국이 은메달을 따 낸 1988년 서울 올림픽에는 아직 성인들과 몸싸움을 하기에는 무리라는 판단에 따라 출전하지는 못했지만 꿈나무 선발 자체가 자신감을 키우는 계기가 됐다.

윤경신은 고려고등학교 1학년 때 국가 대표 상비군에 뽑혀 독일 전지훈련에 동참했고, 핸드볼 인생의 뚜렷한 목표를 발견했다. 독일에서 다양한 경기를 벌였는데 독일 대표 팀과의 친선 경기에 특별한 타이틀이 걸리지 않았는데도 6,000명이 넘는 관중이 몰렸다. 관중석이 텅 빈 국내에서 경기하던 그에게 독일은 핸드볼의 새로운 가능성과 전망을 발견한 신천지였다. 윤경신은 앞으로 이곳 독일에서 핸드볼 선수로서 대성하고 싶다는 결심을 했다.

윤경신은 키가 2미터까지 성장한 고등학교 2학년 때 그리스에서 열린 1990년 세계 주니어 선수권 대회에 나가 득점 왕에 오르며 세계 핸드볼계의 주목을 받았다. 한국은 24개국 가운데 12위를 차지했지만 독일과 덴마크, 프랑스 유럽 팀 감독과 핸드볼 관계자들은 윤경신을 유럽에 데려가 큰 선수로 키우고 싶다며 스카우트 제의를 했다.

윤경신은 귀국 후 국가 대표로 발탁돼 베이징 아시안 게임에서 금메달을 목에 걸었다. 주전은 아니었지만 국가 대표 소속으로 국제 대회에 나가서 처음 목에 건 금메달이었다.

　핸드볼과 처음 인연을 맺은 초등학교 시절부터 고등학교 때까지 윤경신은 꾸준히 성장했지만 그렇다고 팀의 에이스로 항상 빛을 발한 것은 아니었다. 윤경신은 스스로 운동 신경이 뛰어나다고 생각하지 않았다. 한국에서는 보기 드문 장신에 뛰어난 슈팅력을 지니고 있었지만 스스로 늘 부족하다는 생각에서 고지식할 정도로 성실하게 훈련했고, 개인적으로도 많은 노력을 했다. 이런 점이 그를 월드 클래스 선수로 성장하게 만드는 바탕이 됐다.

　경희대에 입학한 1992년에는 바르셀로나 올림픽에서 처음 올림픽 무대에 서는 영광과 기쁨을 누렸다. 1993년 스웨덴 세계 선수권 대회에서 라이트백으로 '베스트 7'에 뽑히며 세계적인 선수로 인정받았다. 당시 유럽과 일본에서 거액의 입단 제의가 있었지만 학업을 마치고 가는 것이 좋겠다는 주변의 권유를 받아들여 윤경신은 대학교에서 교직 과목을 이수하며 중등 체육 교사 자격증을 땄다.

세계 최고 무대
분데스리가로 가다

　　　　　　　　　　경희대학교 졸업반이던 1995년 윤경신은 아이슬란드 세계 선수권 대회에서 득점 왕에 올랐다. 그해 독일 분데스리가 굼머스바흐에서 단장과 감독까지 서울로 날아와 계약서를 쓰고, 졸업식도 참가하지 못한 채 12월 독일로 떠났다.

세계 정상급 선수들이 모여 있는 분데스리가에서 경쟁하면서 윤경신은 한 차원 더 성장했다. 데뷔 첫 해에도 연봉이 1억 원이 넘는 초특급 대우였다. 국내 실업 팀에서 뛰는 선수들이 2000만 원 정도로 출발하는 것과 비교하면 다섯 배나 높은 연봉이었다. 1995년 12월 윤경신은 굼머스바흐 유니폼을 입고 데뷔전을 치렀는데 후반전에 출전해 여섯 골을 넣었고, 독일 신문들은 한국에서 크리스마스 선물이 왔다고 격찬했다.

하지만 그가 독일 분데스리가를 대표하는 선수로 성장하기까지는 언어의 장벽을 넘고 몸을 리모델링하는 쉽지 않은 분투가 있었다.

독일 분데스리가에 진출해 보니 신장 2미터 안팎의 선수가 즐비했다. 203센티미터의 윤경신보다 키가 5~10센티미터 작아도 팔이 더 길고, 근육질 몸매를 자랑하는 유럽 선수들과의 몸싸움은 힘겨웠다. 평소 윤경신의 몸무게는 95킬로그램이었는데, 덩치 큰 상대 수비수들이 밀착 마크를 하면 튕겨나간다는 표현이 적절할 정도였다. 윤경신은 개인 돈으로 자신의 웨이트 트레이닝을 전담할 전문가를 고용해 일주일에 세 차례 이상 체계적인 몸 만들기에 들어갔다. 고된 훈련이 끝나고 다른 선수들이 휴식을 할 때 그는 체육관에서 웨이트 트레이닝 코치와 함께 분데스리가에서 뛸 수 있는 몸을 만들기 위해 구슬땀을 흘렸다. 꼭 필요한 근육을 15킬로그램 늘린 110킬로그램대의 몸무게가 된 후

▶ 윤경신이 2012년 런던 올림픽 핸드볼 조별 리그 예선 크로아티아전에서 상대 수비를 뿌리치고 슛을 시도하고 있다.

▶ 2012년 런던 올림픽 핸드볼 조별 리그 예선 헝가리전에서 슛을 날리는 윤경신. 그는 최고의 핸드볼 리그 독일 분데스리가에서도 전무후무한 대기록을 남긴 슈퍼스타다.

윤경신은 몸싸움에서도 전혀 밀리지 않으며 '한국산 폭격기'로서 분데스리가 무대를 휩쓸 수 있었다.

평소 수줍음이 많았던 윤경신은 독일에 진출해 2년간 언어 소통 문제로 고생했다. 독일어를 잘 몰라 고개만 끄덕인다고 해서 붙여진 그의 별명 '닉'은 나중에 독일 사람들이 그를 부르는 애칭이 됐지만 마음에 드는 것은 아니었다. 말을 못 알아들어 고개만 끄덕이는 사람이라는 애칭을 좋아할 사람은 없을 것이다.

그는 연습이 없는 시간에 학원을 다니고, 틈만 나면 독일어 책을 보며 체력 훈련을 하는 것 이상의 열성으로 열심히 언어를 배웠다. 그를 좋아하던 팬이 집까지 찾아와 독일어를 가르쳐 주기도 했다. 독일에 진출한 지 3년째 되던 해 윤경신은 드디어 독일어로 의사소통이 자유로워졌고, 동료들과 우정을 나누며 팀의 주장까지 맡게 됐다.

외국 리그에 나가면 밥 먹고사는 일도 쉬운 일이 아니다. 운동을 마치고 오후 8시쯤 귀가하고 밥을 해 먹으면 10시를 넘기기 일쑤였다. 때로는 '이렇게 살아야 하나?' 하는 생각이 들기도 했지만 한국에서 가져간 요리책을 보며 반찬을 만들고 찌개도 끓여 가면서 체력을 유지했다. 나중엔 김치까지 담글 수 있게 됐다. 물론 독일 음식에도 익숙해져 자우어크라우트_{양배추를 싱겁게 절여서 발효시킨 독일식 김치}나 아이스바인_{독일식 돼지 족발} 등도 좋아하게 됐다.

우리는 공부하는 학생도, 운동부에 몸담은 학생 운동선수도 독립심이 떨어지기는 마찬가지다. 부모, 선생님, 지도자들이 하나에서 열까지 대신해 주는 것이 너무 많다. 이런 환경에 익숙한 선수들이 뛰어난 재능을 갖춰 해외에 나가더라도 아주 기본적인 생활의 벽에 막히는 경우가 많다. 평소 독립심을 가지고 자신의 일은 자신이 해 나가는 습관을 들이는 것이 좋다.

성실과 겸손, '인간 윤경신'에 반한 독일

독일 핸드볼계에서 그를 외국에서 돈 벌러 온 용병이나 이방인이 아닌 진정한 분데스리가 동료의 일원으로 생각하게 된 중요한 계기가 있었다.

그가 분데스리가에서 처음 몸담은 굼머스바흐는 1990년대 후반 스폰서들이 하나둘 떠나며 재정 상태가 악화되기 시작했다. 스타 선수들이 떠나면 그대로 팀이 사라질 위기 상황이었다. 그때 윤경신은 더 많은 연봉을 제시하는 팀으로 이적을 하는 대신, 스폰서들을 직접 만나 팀을 도와 달라고 호소했다. 그리고 연봉을 많이 받지 않더라도 팀에 계속 남아서 뛸 것이라고 약속했다. 이런 정성 탓인지 기아 자동차와 독일을 대표하는 은행인 도이체 방크가 굼머스바흐를 후원했다. 굼머스바흐와 쾰른의 팬들은 이런 윤경신을 외국인 선수가 아니라 팀을 상징하는 기둥 같은 존재로 인정하기 시작했다. 팀의 주축 선수이자 분데스리가 득점 왕으로 스타 반열에 오른 뒤에도 늘 훈련에 성실히 임하고 동료들에게 겸손한 자세로 대하는 그의 인간적인 모습에 반한 동료들도 많았다.

2006년 굼머스바흐 운영 팀이 바뀌고 팀 컬러가 달라지자 윤경신은 함부르크로 팀을 옮겼다. 굼머스바흐를 떠나기 직전 리그 최고 수준인 44만 유로^{약 6억 2000만 원}의 연봉을 받았던 윤경신은 함부르크로 이적하면서 연봉 35만 유로^{약 4억 2000만 원}를 받게 됐다.

윤경신의 이적 소식이 알려지자 굼머스바흐 팬들은 구단 사무실 앞에서 "윤경신을 내줄 수 없다"며 반대 집회를 열기도 했다. 그의 고별 경기에는 2만 명의 팬들이 몰려들었고, 눈물을 글썽이며 아쉬운 작별을 했다. 독일 쾰른 스포츠 올림픽 박물관에는 윤경신의 유니폼이 걸려 있다.

윤경신은 열두 시즌 동안 독일에서 연봉으로만 50억 원 넘게 받았고, 스포츠용품 회사의 광고 모델로도 활동했다.

분데스리가 시절 윤경신은 독일 대표 팀 감독으로부터 여러 가지 좋은 조건과 함께 독일 귀화 제의를 받았다. 올림픽에서 메달을 따고 싶으면 한국보다는 독일 대표 팀에서 뛰는 게 낫지 않겠느냐는 명분을 내세웠다. 이는 윤경신이 독일에서 뛰던 시절만 해도 순혈주의가 강했던 독일 문화를 생각하면 제의 자체가 파격이었다.

그러나 윤경신은 큰 고민 없이 거절했다. 올림픽에서 메달을 따더라도 한국 대표 팀 마크를 달고 따야겠다는 생각이 강했고, 독일에서 만

난 교민들과의 정을 생각해서라도 상상할 수 없는 일이었다. 독일 교민들은 분데스리가 핸드볼을 평정한 윤경신의 경기가 열릴 때마다 응원을 오고 무척 자랑스러워했다. 여러 차례 식사라도 한번하자고 제의했고, 윤경신도 가끔 자리를 함께한 일이 있다. 교민들 중에는 한국이 경제적으로 어렵던 1960년대와 1970년대 광부와 간호사로 독일에서 갖은 고생을 하면서 한국으로 송금하면서도 독일에 자리를 잡은 의지가 강한 분들이 많았다. 교민들은 윤경신과 함께한 자리에서 아리랑을 부르고 애국가를 부르면서 조국에 대한 향수를 달래곤 했다. 이런 자리에 가면 윤경신은 눈물이 나곤 했다. 한국에 있을 때는 별로 나라에 대한 생각이 없다가도 외국에 나가면 애국자가 된다고 한다. 윤경신은 귀화한다는 상상도 하기 힘들었다고 했다.

한국에서 온 골잡이 윤경신의 또 다른 이름 '토레아'

앞으로도 깨지기 힘든 윤경신의 분데스리가 기록만 정리하면 열두 시즌 동안 여덟 차례나 득점 왕을 차지했고, 1996~1997 시즌부터 여섯 시즌 연속 득점 왕에 오르며 이전 기록 **세 시즌 연속**을 가볍게 경신했다. 또 2000~2001 시즌에 기록한 324골은 분데스리가에서 유일하게 300점을 돌파한 최다 득점 기록이다.

윤경신의 독주가 얼마나 다른 팀들, 특히 굼머스바흐보다 상위권 팀들에게 큰 부담을 주었는지 보여 주는 사례가 있다. 윤경신이 일곱 시즌 연속 득점 왕을 바라보던 당시, 분데스리가 최다 우승 팀으로 늘 강호로 군림하던 독일 북부 지역 팀 '킬'은 축구로 치면 페널티 킥에 해당하는 페널티 스로를 모두 덴마크 출신의 프랜스 버그에게 몰아주어 득점 왕을 만들었다. 당시 독일 언론들은 비신사적 행위라고 비난했다. 이는 그렇게라도 하지 않으면 윤경신을 이길 수 없다는 반증이기도 했다.

 윤경신은 203센티미터의 키에도 불구하고 순발력과 스피드는 분데스리가 정상급 수준으로 빨랐다. 국가 대표 감독을 지낸 김태훈 감독은 "사실 한국의 훈련 강도는 독일보다는 가혹할 정도로 센 편이다. 윤경신은 어려서부터 그 강훈련을 모두 소화했고 거기에 더해 개인 훈련까지 했던 성실한 선수였다. 윤경신이 자신보다도 체력과 슈팅력이 앞서는 선수들을 극복하고 세계 최고의 공격수가 될 수 있었던 것은 비슷한 체구의 유럽 선수들에 비해 거의 한 박자 정도 빠른 슈팅 타이밍과 코트를 빠르게 뛰어가서 위치를 선점하는 스피드의 힘이 컸다"고 평가했다. 그는 점프 체공 시간이 길었고, 손목 움직임까지 좋았기 때문에 수비수와 골키퍼가 슛의 방향을 예측하기 힘들었다.

 독일 언론은 그를 '토레아^{한국의 골잡이}'라고 불렀다. 토레아는 독일어로 골을 뜻하는 '토어'와 한국을 뜻하는 '코레아'의 합성어다. 2002년에는 국제핸드볼연맹^{International Handball Federation, IHF} '올해의 선수'로 선정됐다.

굼머스바흐 시절 좀처럼 우승컵과 인연을 맺지 못했던 윤경신은 함부르크에서 2006년 독일 수퍼 컵 우승, 2007년 유럽 핸드볼 연맹 컵 위너스 컵 우승을 차지하면서 아쉬움을 풀었다.

굼머스바흐와 함부르크에서 12년을 뛰면서 2908골을 기록한 그는 100골만 더 넣어 3000골 대기록을 세워 달라는 소속 팀의 요청을 간곡히 거절하고 2008년 귀국해 두산 유니폼을 입고 뛰었다. 아들에게 한국 교육을 하고 싶었고, 윤경신 자신도 부와 명예를 얻었지만 늘 향수병에 시달렸다. 현역 시절의 마지막을 한국에서 보내고 싶다는 생각에 미련 없이 모두 털어 버리고 돌아왔다.

윤경신은 독일에서 활약하면서 대표 팀이 부르면 언제나 주저 없이 합류했다. 그는 1990년 베이징 올림픽부터 2010년 광저우 아시안 게임까지 여섯 번의 아시안 게임에서 다섯 차례 금메달을 목에 걸었고 1992년 바르셀로나 올림픽부터 2012년 런던올림픽까지 20년 동안 다섯 차례 올림픽에 출전했다.

윤경신은 현역 시절 가장 아쉬운 순간으로 2004년 아테네 올림픽 8강전에서 헝가리에 10분 정도 남기고 세 골을 앞서다 심판의 석연치 않은 판정으로 역전당했던 순간을 꼽았다. 강호 헝가리만 이겼더라면 메달을 충분히 목에 걸 수 있었을 것이다.

윤경신보다 여섯 살 어린 동생 윤경민도 초등학교 5학년 때부터 핸드볼을 시작해 '핸드볼 형제'로 화제를 뿌렸다. 동생 윤경민의 키는 193센티미터였다. 형제는 1998년 방콕 아시안 게임과 2002년 부산 아시안 게임에서 나란히 금메달을 땄고, 2000년 시드니 대회와 2004년 아테네 대회, 2008년 베이징 대회까지 올림픽 무대를 세 차례 함께 뛰었다.

윤경신은 평소에는 다정한 형이지만 대표 팀 훈련 때는 철저하게 선후배로 선을 그을 만큼 공사公私를 분명히 했다. 그러면서도 형의 그늘에 가려 오히려 제대로 조명을 받지 못했던 동생에 대한 미안함을 느끼고 있다.

한국에 돌아와 두산 유니폼을 입고 2009~2011년 3년 연속 '핸드볼 큰 잔치' 우승과 3년 연속 대회 득점 왕에 올랐다.

윤경신은 국내에서 비인기 종목의 설움 속에 지친 후배들을 볼 때마다 안타까운 마음이 들었다. 그는 핸드볼 선수로서 비록 힘들고 외롭더라도 자존심을 지키고, 먼저 팬들에게 다가가서 자신감 있는 모습을 보여 주기를 권했다.

독일에서 만난
새로운 스포츠의 틀 '클럽 시스템'

그는 모교인 경희대에서 '핸드볼 스포츠 지도자 리더십'을 주제로 스포츠 사회학 박사 논문을 썼다. 그는 앞으로 해 보고 싶은 일이 많았다. 대학교에서 강의를 하고 싶고, 국가 대

표 감독으로 현역 시절 못 이룬 올림픽 메달도 따 보고 싶다. 기회가 닿는다면 IHF 같은 국제기구에서 행정가로 일하고 싶은 생각도 있다.

독일 스포츠는 엘리트 스포츠에서 일반인 및 학생 스포츠에 이르기까지 대부분 스포츠 클럽을 통해 이뤄진다.

독일의 학교에는 체육 과목과 수업은 있지만 학교에 별도의 운동부는 없다. 학교 체육 수업은 학생들에게 스포츠를 접할 기회를 제공하고 건강을 증진시킨다는 기본 목적을 넘어서지 않는다. 독일에서 청소년들의 전문적인 체육 활동은 자생적으로 조직된 전국의 9만여 개 스포츠 클럽을 기반으로 이뤄진다. 학교 체육과 특별 활동도 대부분 이들 스포츠 클럽 시설을 이용해 이뤄진다. 독일의 스포츠 클럽은 스포츠 애호가들이 동호회를 만들면서 1800년대에 생겨났을 정도로 오랜 역사를 자랑하지만 요즘처럼 독일 국민들의 스포츠 메카로 자리 잡은 것은 1960년대 독일 정부가 추진한 골든 플랜Der Goldene Plan에 힘입은 바가 크다. 독일 정부는 제2차 세계 대전 이후 파괴된 스포츠 시설을 복구해 국민의 건강 증진과 인성 회복에 기여하겠다는 골든 플랜을 수립하고 육상, 수영, 체조 등 기본 종목 체육관과 수영장, 운동장을 대대적으로 건설했다. 현재 독일 인구의 40퍼센트 정도인 3000만 명이 클럽 회원으로 소속돼 있다. 스포츠 클럽은 오후 3~4시에 퇴근한 직장인들이 운동도 하고 이웃들과 가볍게 맥주 한잔을 기울이기도 하는 생활공간이다. 이곳에서 자연스럽게 청소년들도 부모 형제, 이웃 들과 함께 스포츠를 접한다.

스포츠 강국인 독일의 엘리트 스포츠 육성 정책은 전국에 있는 이들 스포츠 클럽을 통해 자연스럽게 두각을 나타내는 청소년을 전문 스포츠 클럽의 전문가들이 육성하면서 이뤄진다. 독일의 각 주 체육회는 전문적인 지도자와 시설을 갖춘 각 종목의 특성화 클럽을 재정적으로 지원하면서 독일을 빛낼 선수들을 집중 지도한다. 그리고 각 주에서 선발된 인원을 대상으로 대표 팀을 꾸려 또 한 차원 높은 수준으로 이끌어 가는 시스템이다.

윤경신은 굼머스바흐에서 뛰던 시절 엘리트 선수들을 육성하는 다양한 스포츠 아카데미를 직접 볼 수 있었다. 특이한 점은 이 엘리트 선수들이 모두 철저히 학교 수업을 받고 시험을 치르는 등 학사 일정을 준수하면서 훈련을 받는다는 점이다. 윤경신도 중학교 때부터 본격적으로 핸드볼을 하면서는 훈련 시간과 각종 대회 출전으로 인해 학업을 소홀히 한 적이 많았다. 독일의 스포츠 아카데미는 기숙사 형태로 운영되는 곳도 적지 않은데, 이는 훈련뿐만 아니라 학업도 집중적으로 할 수 있도록 돕기 위해서 이뤄지는 것이다. 이곳에 속한 학생들은 오후에 자격증이 있는 선생님들로부터 자신이 원하는 만큼 보충 수업을 받을 수 있기 때문에 학업 성적도 뛰어난 경우가 많다.

독일에서도 엘리트 스포츠 선수들이 선수 생활을 중단하고 나면 장래가 불투명하다는 점을 선수들에게 강조하며 학업을 병행해 선택의 폭을 넓힐 것을 권한다. 스포츠 선수들이 다니는 학교에서는 이들이 국제 대회 출전이나 중요한 스포츠 이벤트에 참가하기 위해 해당 스포

츠 단체의 추천을 받아 신청할 경우 수업에 빠지는 것을 허락하더라도 성적을 내지 못하면 상급 학년으로 진학시키지 않는다.

윤경신이 월드 스타로 한 시대를 풍미했던 핸드볼은 국내에서는 여전히 비인기 종목이다. 독일에서도 축구나 몇몇 종목을 제외하고는 스포츠 선수들에게 누누이 강조하는 것이 있다. 선수로 화려한 삶을 보내도 대부분 30대가 되기 전에 끝난다. 나머지 인생을 어떻게 살 것인가를 고민해야 한다. 그래서 운동에 뛰어난 소질이 있더라도 긴 사회 생활 기간 동안 남들과 같은 기회를 얻기 위해서는 학업과 운동의 적절한 병행을 추천한다. 운동에만 올인해서는 안 된다는 점을 강조한다.

윤경신 역시 핸드볼을 통해 미래를 모색하는 청소년들에게도 긴 안목을 기질 것을 권한다. 물론 그 같은 학생들의 선택이 가능하도록 학교 체육 시스템과 사회의 시스템이 달라져야 하는 것이 기본 전제이다.

TIP

윤경신이 말하는 프로의 조건
- 재미있게 하라
- 자신의 장점을 극대화하고 단점은 보강하라
- 독립심을 기르라
- 훈련은 성실하게 임하라
- 자신감을 가지라
- 선수 생활이 끝난 뒤의 인생도 대비하라

또 하나의 서문

행복한 스포츠가 답이다

고교 야구 강타자, 공부로 서울대 가다

2012년 겨울 우리에게 한국 스포츠의 희망과 암담한 현실을 압축적으로 보여 주는 소식들이 이어졌다. 희망의 싹은 알뜰살뜰 가꾸고, 누구나 알면서도 눈감아 왔던 비정상적인 뒷모습과 단절할 때 한국 스포츠는 런던 올림픽 종합 5위라는 이름에 걸맞은 스포츠 선진국의 면목을 갖출 것이다.

고교 야구 강타자인 덕수고등학교 3학년 이정호 군이 서울대 체육교육과에 수시 일반 전형으로 합격한 것은 공부도 잘하는 운동선수가 결코 불가능하지 않다는 희망의 신호탄이었다.

이정호 군은 올해 고교 야구 주말 리그 황금사자기·청룡기·대통령배 등 5개 대회에서 타율 0.310을 기록한 정상급 타자다. 특히 최고 권위의 청룡기 전국 고교 선수권 대회 우승 당시 12타수 6안타, 5할 타율을 기록했다.

방과 후 독서실에서 혼자 모자란 공부를 보충한 이 군은 '공부하는 야구 선수'가 서울대에 입학한 첫 케이스다. 서울대에는 체육 특기생 전형이 없어 운동하는 학생도 다른 학생들과 동등한 입장에서 경쟁한다. 서울대는 1차 서류 전형에서 학교생활 기록부 성적을 반영하며, 최종 합격 이후에도 수능 2개 영역에서 5등급 이내 성적을 내야 한다.

이 군은 매일 오후 5시까지 정상 수업을 받은 뒤 밤 10시까지 야구 훈련을 했다. 그리고 집에 돌아와선 다시 공부를 하느라 하루 세 시간 밖에 못 잤지만 강한 정신력으로 운동과 공부 두 가지를 모두 해냈다.

초등학교 때 전교 1등을 할 만큼 공부를 잘했던 이정호 군은 덕수고등학교 시절 운동부 학생도 다른 학생과 똑같이 수업을 모두 듣게 하는 학교 분위기와 관심을 기울여 주는 선생님들의 배려로 학업을 충실히 할 수 있었다.

여기에는 제도적 개선도 큰 몫을 했다. 정부는 2011년부터 고교 야구 주말 리그제를 도입해 평일에도 치르던 고교 야구 경기를 주말에만 열게 했다. 운동선수도 공부를 할 수 있도록 뒷받침을 해 줘야 한다는 각계의 노력으로 이 같은 변화가 가능했다.

청소년 유도 국가 대표로 활약하며 국제 대회·전국 체전 등에서 열 차례나 우승한 전북 익산 원광고교의 신재용 군도 공부와 운동을 함께 하며 서울대 체육교육과에 입학했다. 신 군은 고교생 55킬로그램 이하

체급에서 적수가 없을 정도로 최강자였다. 국가 대표 상비군이자 청소년 대표인 신 군의 하루 공부 시간은 다섯 시간도 채 되지 않았지만, 저녁 훈련이 끝나면 영어 단어를 외우고 고전 문학을 공부했다. 신군은 "남들이 공부할 때 나는 공부와 유도를 함께했다"고 말했다.

현재 대한민국의 전체 학생 수는 1100만 명이며 이 중 운동부원으로 등록된 학생 선수는 약 11만 명이다. 한국이 올림픽과 각종 세계 선수권, 월드컵에서 좋은 성적을 올리는 원동력은 어려서부터 재능 있는 소수 정예의 선수를 집중 육성하는 엘리트 스포츠 시스템에 뿌리박고 있는 것이 사실이다. 하지만 세계 무대에서 이름을 알리거나 프로 선수나 스포츠 지도자로 성장하는 학생의 비율은 1퍼센트가 채 되지 않는다. 대다수는 새로운 인생을 개척하는 데 필요한 교양이나 직업 능력을 갖추지 못한 채 사회로 나가게 된다.

2008년 《조선일보》는 '학교 체육! 교실로 돌아가자'는 캠페인을 벌였다. 선진국처럼 '공부하는 학생 선수'가 상식이 되도록 학교 체육의 틀을 바꿔야 한다는 취지였다.

그동안 야구와 축구에서 주말 리그제가 확산되는 등 긍정적인 변화가 많았지만 현실은 여전히 가야 할 길이 멀다고 이야기하고 있다. 얼마 전 한 스포츠 지도자들의 토론회에서는 학업 수준이 일반 학생에 비해 현저히 떨어지는데도 꼭 수업을 듣도록 하는 비현실적인 규정 때문에 오히려 운동도 공부도 둘 다 제대로 시킬 수 없다는 현장의 이야기가 나온 적도 있다. 학생이 수업을 듣는 것이 비현실적이라는 웃지 못할 하소연이 나올 정도로 여전히 학교 스포츠 현장이 왜곡돼 있다는 것을 반증하는 것이다.

학생 중 절반은 전혀 운동을 하지 않는 현실

문화체육관광부가 2012년 12월 발표한 국민체력실태조사^{전국 19세 이상 4000명 대상}와 국민생활체육참여실태조사^{만 10세 이상 9000명 대상} 결과는 충격적이었다.

우리 국민이 나이에 따라 어느 정도 운동을 하고 있는지 분석한 결과, 10대 여학생 중 무려 72.9퍼센트가 운동을 전혀 하지 않는 것으로 밝혀졌다. 10대 남학생도 절반^{46.5퍼센트}이 운동을 전혀 하지 않는 것으로 조사됐다. 20대 남성 50.0퍼센트와 여성 67.3퍼센트도 "운동을 전혀 하지 않는다"고 답했다.

이번 조사의 기준은 세계보건기구^{WHO}의 '건강을 위한 신체 활동 권고안'에 따른 것이다.

WHO는 성인과 노인의 경우 1주일에 150분 이상, 소아 및 청소년은 매일 60분 이상 유산소 활동 및 근력·뼈 강화를 위한 신체 활동을 하도록 권고하고 있다.

반면 우리나라는 국민의 35.9퍼센트만 규칙적으로 운동하는 것으로 조사돼 전 연령층에 걸쳐 운동 시간이 절대 부족한 것으로 분석됐다. 특히 한창 체력을 키워야 할 10대와 20대에는 거의 운동을 하지 않다가 체력이 떨어지는 40, 50대에 뒤늦게 운동을 하는 경향을 보인다. 더불어 한국인은 일본과 중국인보다 키가 크고 체중도 많이 나가지만 체력은 오히려 떨어지는 것으로 나타났다.

　20대 이하가 운동을 하지 못하는 이유로 꼽은 것이 '시간 부족'이었다. 한창 활력이 넘치고 야외 활동에 욕구를 느끼는 나이에 자신의 몸을 위해 하루 한 시간도 낼 수 없을 정도로 바쁜 이유는 뭘까. 이번 발표는 학교 교육이 오로지 입시 공부를 통한 대학 진학에만 목표를 두고 있다는 것을 보여 준다. 초·중·고등학교에 체육 수업이 있는데도 전혀 운동을 하지 않는 학생이 대다수라는 것은 우리 스포츠 정책과 학교 교육에 근본적 문제가 있다는 것을 보여 주는 증거다.

학교 체육 진흥법 효력 발휘할 수 있어야

　2013년 1월부터는 '학교 체육 진흥법'이 시행된다. 학생의 체육 활동 강화 및 학교 운동부 육성 등 학교 체육 활성화에 필요한 사항을 법으로 정해 학생들이 건강하고 균형 잡힌 신체와 정신을 가질 수 있도록 하는 것이 목적이다.

　이 법에는 학교 체육 진흥의 조치[제6조], 학교 체육 시설 설치 등[제7조], 학생 건강 체력 평가 실시 계획의 수립 및 실시[제8조], 건강 체력 교실 등 운영[제9조], 학교 스포츠 클럽 운영[제10조], 학교 운동부 운영[제11조] 등 그동안 문제가 돼 온 학교 스포츠의 제반 현실들을 해결하려는 내용을 담고 있다. 이를 위해 교육과학기술부 장관이 문화체육관광부 장관과 협의하여 학교 체육 진흥에 관한 기본 시책을 5년마다 수립·시행하도록 하고 있다.

일반 학생은 운동을 거의 안 하고, 운동부 선수는 공부를 거의 안 하는 현실에서 체육 진흥법이 구체적인 효과를 얻으려면 우리 사회의 큰 틀이 바뀌어야 한다.

교육 정책과 관련해 한국은 1980년대 이후 몇 년에 한 번씩 입시 정책의 큰 틀이 바뀌었지만 모두가 만족할 만한 해법을 아직도 찾지 못하고 있다. 그동안 겪은 학생들과 학부모의 고통을 생각하면 '단순 무식'하다는 지적을 받았던 '학력고사' 제도를 없애고 나서 뭐가 나아졌는지 묻고 싶을 정도다. 대학 가는 길이 다양해졌다고 하지만 워낙 복잡해 정보력이 좋은 부유층에 유리한 제도로 변질됐다는 지적이 끊이지 않고 있다. 또 일부 대학에서 농어촌 자녀에게 입학 혜택을 줄 정도로 도농 간 명문 대학 진학률 격차가 커지고 있다.

그러는 동안 학교에서는 입시와 관련이 없는 체육이 차지하는 비중은 갈수록 줄어들었고, 국민 체력 실태 조사에서 10대 학생들이 절반 이상 운동을 전혀 하지 않는다는 충격적인 결과가 나왔다.

1972년에 등장해 1994년에 폐지된 체력장은 학생들의 기초 체력을 끌어올리는 데 큰 역할을 했다. 군사 정권의 잔재라는 주장과 이따금 발생하는 사망 사고로 인해 폐지됐지만 이를 대체할 만한 효과적인 대안은 내놓지 못했다. 체력장이 사라지면서 체육 시간은 국·영·수 과목을 보충하는 시간으로 바뀌었고, 학생들은 학교가 끝나자마자 학원으로 내몰렸다. 땅값 폭등과 시설물 증축으로 학교 운동장도 점점 줄어들어 아예 운동장이 없는 학교까지 있다.

우리나라처럼 청소년을 약골로 키우는 나라가 없다. 미국이나 독일 등 선진국의 사회 지도층과 한국 엘리트 간의 가장 큰 차이를 꼽으라면 아마 학창 시절의 스포츠 경험과 체력일 것이다. 선진국 엘리트들이 '문무文武'를 겸비하는 데 비해 우리는 갈수록 학업 능력만 뛰어난 인재들을 키워 내고 있다. 선진국 엘리트들이 대부분 학창 시절 운동부에서 운동을 했던 경험이 있는 반면 한국의 엘리트들은 평균적으로 문약文弱하다고 볼 수 있다.

운동 잘해야 하버드 가는 미국

미국 대학 스포츠는 1905년 설립된 NCAA에 의해 큰 틀이 결정된다. 1000개 이상의 대학교를 회원으로 두고 있고, 대학 운동선수 개개인의 성적까지 관리한다. NCAA는 2005년 2월부터 APR Academic Progress Rate 제도를 도입해 기준 점수에 미치지 못하는 학교 운동부는 장학금 혜택을 축소하거나 퇴출 명령을 내리기도 한다. 미국의 대학 운동선수들은 일정한 학점을 받지 못하거나, 수업 참석률이 기준을 밑돌 경우 경기 출전이 금지된다.

고등학교 체육 경기는 NFHS National Federation of State High School Associations 라는 전국 기구가 컨트롤 한다. 1920년에 생긴 단체로, 현재 미국 전역 1만

8500여 개 학교가 회원으로 가입돼 있다. NFHS가 추구하는 최고의 가치는 공정한 학교 간 운동 경기를 통해 교육적인 가치를 증진하는 것이다. 17개 종목의 공식 룰을 담은 책을 발간하고, 코치 및 심판 교육을 담당하는 일도 NFHS의 주 업무 중 하나다. NFHS는 고등학교 학생들에게 필요한 웅변, 토론, 미술, 음악 등 예술 분야에서 학생들의 교내 및 교외 활동을 조직하고 후원하는 일도 담당한다.

오늘날 미국 고등학생의 50퍼센트 이상이 운동부에 소속돼 스포츠를 통해 공정한 경쟁의 가치와 단체 생활, 협동심 등을 배우고 있다.

미국에서는 운동과 공부를 병행한 운동부 학생의 성실성을 공부에만 열중한 학생보다도 더 인정하는 분위기가 지배적이다. 하버드나 예일 등 미국을 대표하는 대학들은 고교 시절 운동부 소속, 특히 주장으로 전국 대회에 참가해 좋은 성적을 올린 학생들을 더욱 높이 평가한다.

운동부 학생이 아니더라도 체육 활동에 소홀하지 않다. 거의 매일 체육 시간이 편성돼 있고, 고등학교에서는 일정 기준 이상의 체력이 확보되지 않으면 한국의 고등학교 2, 3학년에 해당되는 11, 12학년에서도 체육 수업을 들어야 한다.

미국 초등학교에는 운동부가 없다. 초등학교 체육 활동의 대부분은 방과 후 클럽 활동에서 이뤄진다. 전국적인 조직망을 갖춘 AYSO^{American Youth Soccer Organization} 같은 단체와 각 지방 자치 단체가 연계해 학생들이 체육 활동을 쉽게 할 수 있는 여건을 마련해 준다. 여기에는 부모들도 같이 참여해 자연스럽게 생활 체육이 이뤄진다.

학생 대부분이 운동부 경험하는 일본의 학교 체육

일본은 학교 스포츠 시스템이 한국과 가장 비슷하다. 한국과 마찬가지로 학제가 초등학교小学校 6년, 중학교 3년, 고등학교 3년, 대학교 4년의 6-3-3-4 시스템으로 돼 있을뿐더러, 청소년 스포츠의 근간이 학교 체육 활동에 기반을 두고 있다는 점도 비슷하다. 그러나 외형은 한국과 비슷하지만 속은 전혀 다르다. 기본적으로 일본의 학교 운동부는 엘리트 선수들이 운동에만 전념해 전국 대회에서 좋은 성적을 올리고 학교의 명예를 빛내기 위한 조직이 아니다. 스포츠에 별다른 소질이 없더라도, 가입 원서를 내고, 회비를 내면 야구부원이나, 축구부원으로 활동할 수 있다. 일본의 학교 야구부는 4,000개가 넘는데, 대부분 일반 학생들에게도 문호가 열려 있다.

전통 있는 게이오 고등학교에는 야구부원이 100여 명이며, 전교생 2,100명 가운데 70퍼센트가 40개가 넘는 운동부에 속해 있다. 이렇게 많은 학생들이 체육부에 참가해 활동하고 있는 만큼, 경기나 대회를 앞두고 이들 운동부원들이 수업 시간을 단축하거나 참가하지 않는다면 학교 운영이 정상적으로 이뤄질 수 없다. 또 시속 150킬로미터대의 강속구를 던지는 야구 유망주나 마라도나와 같은 개인기를 갖춘 축구 유망주가 있더라도 학교 공부를 따라가지 못하면 운동부원으로 남기 어렵다. 일정한 성적을 올리지 못해 유급할 경우 운동부 활동을 중단하도록 돼 있기 때문이다. 전국 대회는 학습권을 보장하는 범위 내에서 운영된다. 소학교는 기본적으로 전국 대회를 열 수 없고, 중학교는 연 1회에 한해 방학 기간 중에만 전국 대회를 개최할 수 있다. 고등학교는 연 2회에 한해 방학 기간에만 개최할 수 있다. 또 각 지역 예선은 모두 토요일과 일요일에만 열린다. 대학교에서도 운동부원들의 학사 관리를 엄격하게 한다.

운동에 큰 재능이 없더라도 학창 시절을 풍요롭게 하고, 운동부원이라도 일반 학생들과 똑같이 공부하는 시스템을 갖추고 있다는 점이 한국과 일본 학교 스포츠의 가장 큰 차이점이다.

일본은 올림픽 성적이 부진하자 2000년 '스포츠 진흥 기본 계획'을 만들어 엘리트 스포츠에 대한 지원을 강화하고 있다. 한국의 태릉 선수촌에 해당하는 내셔널트레이닝센터를 만들어 숙식을 하면서 훈련하도록 하고 있지만 학생 선수들은 인근 학교에서 위탁 교육을 받도록 하고 있다. 대표 선수이기 때문에 숙제를 대충하거나 시험을 면제해 주거나 하지는 않는다.

독일, 클럽 스포츠와 엘리트 스포츠의 자연스러운 조화

독일은 전국에 흩어져 있는 9만여 개의 스포츠 클럽을 기반으로, 이와 연계된 상비군, 훈련 센터 시스템이 체계적으로 짜여 있다. 독일의 엘리트 선수는 '카더Kader 시스템'이라 불리는 상비군 시스템을 통해 운영된다. 재능 있는 꿈나무부터 정상급 기량을 지닌 성인 남녀 선수들이 총망라돼 있다. 꿈나무를 발굴하고 우수 선수로 육성하는 역할은

주 체육연맹에서 담당하고, 청소년과 국가 대표에 대한 선발 및 육성책은 연방 수준에서 관리한다.

구 동독의 체육 학교 시스템이 서독 지역으로 건너오면서 형성된 스포츠 기숙 학교 제도도 독특하다. 학업을 전폐하고 '운동 기계'를 육성한다는 비판을 받았던 동독의 스포츠 기숙 학교는 스포츠에 재능을 지닌 청소년들이 기숙사에서 함께 묶으면서 학교 교육을 그대로 받아 훈련의 집중력을 높이는 형태로 진화했다. 엘리트 유망주에 대한 강화 훈련의 필요성을 느낀 독일 연방 체육회는 2000년 시드니 올림픽 이후 학업을 병행하면서도 훈련의 집중력을 높일 수 있는 기숙 학교에 대한 지원을 강화하고 있다. 독일은 일반 기숙 학교 외에도 내셔널트레이닝센터에 기숙 학교 형태를 만들어 선수들의 훈련과 학업을 지원하기도 한다.

즐기는 스포츠, 사람을 행복하게 하는 스포츠

우리 청소년들은 어려서부터 치열한 경쟁과 혹독한 훈련 혹은 공부로 어떤 분야에서든 실력은 있지만 스스로 행복하지 않다고 느끼는 경우가 많다.

버락 오바마 미국 대통령이 여러 차례 한국의 교육을 배워야 한다고 강조한 것은 사회 시스템을 유지하기 위해 필요한 평균적으로 뛰어난 사람들을 대량으로 길러 내는 데 효율적이라고 생각하기 때문일지도 모른다.

하지만 자신이 하는 공부나 운동에 흥미를 느끼고 즐기면서 비범한 재능으로 연결되는 경우는 오히려 다른 선진국에 비해 적은 편이다.

국제교육성취도평가협회IEA가 세계 50개국 60만 명초등학교 4학년과 중학교 2학년을 대상으로 실시한 '2011 수학·과학 성취도 추이 변화 국제 비교 연구TIMSS'에서도 비슷한 결과가 나왔다.

우리나라 초등학교 4학년 학생들의 과학 성취도는 세계 1위, 수학 성취도는 세계 2위를 기록했다. 중학교 2학년 학생의 경우 수학 성취도가 세계 1위, 과학 3위였다.

하지만 '나는 수학과학을 공부하는 것이 즐겁다' 등의 설문을 통한 흥미도 평가에서 우리나라 초등학생은 조사 대상 50개 국가 중 과학에서 48위였고, 수학은 꼴찌50위였다.

점수가 좋아도 그 과목 공부가 지긋지긋하다고 생각하면 금세 한계가 오고 만다. 수학의 노벨상이라는 필즈 상Fields prize을 일본인 3명, 중국인 1명을 포함해 전 세계 50명이 수상했지만 한국인 수상자는 아직 나오지 않았다.

우리나라 학생 10명 중 4명은 "학교를 그만두고 싶다"는 생각을 하고, 교사 10명 중 8명은 "요즘 학생들이 남과 더불어 사는 능력이 떨어진다"고 인식하고 있다는 조사 결과도 있다.

교육과학기술부가 2012년 7월 전국 초·중·고교생 3만 1364명, 학부모 1만 5258명, 교사 1만 1280명 등 총 5만 7902명을 대상으로 '2012

인성 교육 실태 조사'를 한 결과였다.

학교를 그만두고 싶은 가장 큰 이유는 '학업 성적 때문41.8퍼센트'이라는 답이 나왔다. 그 뒤로 '재미없는 학교생활22.1퍼센트', '친구 관계13.5퍼센트', '선생님과의 문제6.1퍼센트' 등의 순이었다.

교사들은 대부분 '학생들이 더불어 사는 능력이 부족하다80.3퍼센트', '학생들이 정직하다고 생각하지 않는다44.8퍼센트'고 답했다. 학생들의 인성 형성에 나쁜 영향을 주는 원인에 대해 학생과 학부모는 '성적 위주의 학교 교육학생 33.4퍼센트, 학부모 27.6퍼센트'을 꼽았고, 교사들은 '부모님의 잘못된 교육관45.6퍼센트'을 가장 큰 요인으로 꼽았다.

공부 잘해서 좋은 대학에 보내는 것이 한국 교육의 중심이 되면서 생긴 부작용들이다. 다른 사람을 배려하거나 예절을 지키는 것보다 시험 점수를 1점 더 올리는 것이 중요하다고 생각하는 청소년들이 많을 수밖에 없다.

학생들이 실력은 좋지만 공부에 흥미를 잃어 가고, 인성은 갈수록 나빠지는 것이다. 학교 폭력과 왕따, 자살 등 최근 학교와 사회를 위협하는 심각한 문제를 해결하는 데 스포츠는 긍정적인 해법이 될 수 있다.

이 책은 스포츠 스타를 꿈꾸는 학생이 공부의 끈을 놓지 않고, 공부를 잘하는 학생이 운동부원 못지않게 스포츠에 대한 애정을 가질 수 있기를 희망하면서 썼다. 그리고 어려서부터 스포츠에 재능 있는 선수들을 조기 발굴해 세계적인 경쟁력을 갖춘 선수로 성장할 수 있도록 돕고 있는 외국의 시스템도 살펴보았다.

문제는 행복이다. 실력은 좋은데 행복하지 않다면 그 실력을 오래 유지하거나 더 높은 수준으로 올라갈 수 없다. 우리의 교육 제도는 초등학교 때부터 오로지 대학 입학에 포커스가 맞춰져 있다고 해도 과언이 아니다. 하지만 그렇게 공부를 하면서도 자신이 장래 '어떤 일을 하고 싶다'는 꿈을 지닌 청소년들은 극히 적은 편이다. 그럼 도대체 좋은 대학에 진학하려는 목적이 무엇인가. '학벌 사회에서 살아남기 위해서' 외에 다른 이유를 찾기 힘들다.

올림픽 메달리스트가 반드시 사회에서 성공하는 것은 아니다. 이들은 도대체 국가가 나를 위해서 무엇을 해 주었느냐고 울분을 토로하기도 한다. 자신은 청춘을 바쳐 극한의 훈련을 감내해 가면서 국위 선양을 했는데 정작 사회에서는 설 자리를 찾지 못한 배신감일 것이다. 학창 시절 스포츠 선수로 활동했던 사람들 중 너무나 많은 이들이 인권 유린에 가까운 힘겨운 학창 시절을 견디고, 별다른 대책 없이 졸업한다. 이런 현실을 지적한 글들을 '스포츠 둥지'NEST, '체육 인재 육성 재단'과 함께하는 스포츠 전문 팀 블로그'에서 쉽게 볼 수 있다.

공부에 뜻을 둔 학생이든 스포츠에 뜻을 둔 학생이든 자신의 행복이나 자신의 가치를 실현해 갈 수 있도록 해야 한다. 자녀들을 일찌감치 유학을 보내는 이들이 늘어나는 것도 한국 교육 시스템에 대한 불신 때문이다.

오직 성적 경쟁으로 학생을 내몰고 잔혹한 내용이 담긴 게임이나 인터넷, 스마트 폰으로 시간을 보내는 학생이 상당수인 학교 분위기는 달라져야 한다. 청소년기에 적절한 스포츠 활동으로 땀을 흠뻑 흘리면서 건강한 가치관을 익히고, 공부의 즐거움과 흥미를 느낄 수 있도록 학교 교육 환경이 달라져야 한다.

이 같은 교육 정상화를 막고 있는 최대 장애물은 사실 우리 자신이다. 청소년들의 심신이 황폐해지는 현실을 안타까워하는 학부형들도 눈앞의 성적 경쟁과 입시를 이유로 학생들이 운동을 하거나 취미 생활을 하는 것을 반대하기도 한다.

한국 교육의 꼭짓점이라고 할 수 있는 대학교부터 바뀌어야 초·중·고등학교의 변화가 자연스럽게 이뤄질 수 있다는 점을 강조하고 싶다. 대학교가 스포츠와 학업의 원만한 조화를 이룬 학생들을 우선적으로 선택하는 흐름으로 갈 때 교육 정상화도 쉬워질 것이다.

더 이상 맹목적인 경쟁으로 청소년들을 내몰아서는 안 된다. 정신과 육체가 모두 건강하고, 창조적인 능력을 지닌 청소년들을 길러 내는 일이 대한민국이 당면한 가장 시급한 과제라는 인식을 우리 모두 가져야 한다.

꿈이 나를 뛰게 한다

1판 1쇄 펴냄 2012년 12월 28일
1판 13쇄 펴냄 2023년 10월 6일

지은이 | 민학수
발행인 | 박근섭
펴낸곳 | ㈜민음인

출판등록 | 2009. 10. 8 (제2009-000273호)
주소 | 06027 서울 강남구 도산대로 1길 62 강남출판문화센터 5층
전화 | **영업부** 515-2000 **편집부** 3446-8774 **팩시밀리** 515-2007
홈페이지 | minumin.minumsa.com

도서 파본 등의 이유로 반송이 필요할 경우에는 구매처에서 교환하시고
출판사 교환이 필요할 경우에는 아래 주소로 반송 사유를 적어 도서와 함께 보내주세요.
06027 서울 강남구 도산대로 1길 62 강남출판문화센터 6층 민음인 마케팅부

© 민학수, 2012. Printed in Seoul, Korea
ISBN 978-89-6017-327-9 03320
㈜민음인은 민음사 출판 그룹의 자회사입니다.